Pedro Antonio de Alarcón

Juicios literarios y artísticos

Barcelona **2024**
Linkgua-ediciones.com

Créditos

Título original: Juicios literarios y artísticos

© 2024, Red ediciones S.L.

e-mail: info@linkgua.com

Diseño de cubierta: Michel Mallard.

ISBN rústica: 978-84-96290-49-5.
ISBN ebook: 978-84-9897-075-3.

Sumario

Al excelentísimo señor
Don Daniel de Moraza,
como recuerdo de treinta años de amistad,
compañerismo periodístico, aventuras
por mar y por tierra, y otras muchas
cosas inolvidables,
dedica este libro
su buen camarada, que mucho le quiere,
Pedro.

Septiembre de 1883

Discurso sobre la Moral en el Arte

Señores:

De los inolvidables discursos que, a modo de monumentos perennes, señalan vuestro sucesivo ingreso en la Real Academia Española, y cuya primorosa hechura he vuelto yo a admirar estos días, buscando en ella lecciones y ejemplos para mi tarea de hoy, resulta que todos vosotros, con venir acompañados de títulos y merecimientos que a mí me faltan, y ser por todo extremo dignos de una investidura que tanto habíais de honrar, entrasteis llenos de confusión, timidez y reverencia en este Senado literario, templo de las leyes del buen decir, donde los Próceres del Arte custodian y acrecientan el rico tesoro del habla de Castilla. Fácilmente, pues, adivinaréis los afectos, muy más vivos y apremiantes, cuanto son más naturales y debidos, que agitan mi corazón en este solemne acto, y algunos de los cuales, dicho sea en desagravio de la justicia, sirven de castigo a la avilantez con que, abusando de vuestra indulgencia, pretendí la no merecida honra de apellidarme vuestro compañero, cuando en realidad yo había de venir aquí (¿para qué negarlo?) a continuar siendo vuestro discípulo.

Mucho más diría en esto; pero acuden a mi memoria los pulidos términos y galanas frases con que todos vosotros, en tribulación análoga, que no idéntica, a la mía, expresasteis iguales conceptos, y doleríame que, por desventajas de inteligencia y de estilo, apareciese hoy menos elocuente y afectuosa la obligación de mi agradecimiento que ayer la noble humildad de vuestra modestia. Séame lícito, en cambio, definir con ingenuidad, y en el llano y corriente lenguaje propio de mi afición a la novela de costumbres, la índole y naturaleza de las encontradas emociones que siente el amante de las Bellas Letras cuando pasa del estado de escritor por fuero propio a la categoría oficial de individuo de esta ilustre Corporación, o explicará a lo menos las inquietudes que experimenta con tal motivo quien, como yo, durante una larga y alegre estudiantina literaria, solo ha campado por su respeto.

Perdonadme, en gracia de la exactitud, el atrevimiento del símil que voy a emplear; pero la verdad es que, cuando considero el cúmulo de cuidados y atenciones que he echado sobre mí al atravesar esos umbrales (mis remordimientos por lo pasado, mis temores por lo futuro, el dolor por la libertad perdida, las reglas a que tendré que sujetar mi conducta, y los respetos que habré de guardar y hacer guardar en lo sucesivo), ocúrreseme que esto de entrar en la Academia se parece mucho al acto de casarse. Experimento, sí, señores, en este día la grave conmoción y saludable miedo del que deja las inmunidades de mozo por los deberes de casado, con ánimo y resolución de cumplirlos. Solicítase como una merced lo mismo el cargo de marido que el de académico agradécense como una dicha y una honra; ufánase uno de verse tenido en tanto por la señora de sus pensamientos; da las gracias, personalmente, a todos los individuos de su nueva familia; parécenle pocos todos los regalos (o sea malos todos los discursos) que excogita para agasajar a la novia; no puede, en fin, estar más alegre y reconocido... Pero llega el día del Sacramento, llega el día de jurar ante Dios el anhelado cargo, llega el día de hoy, en una palabra, y el académico electo, como el feliz contrayente, conoce que algo crítico, supremo y trascendental va a acontecer en su vida; que a sus ojos desaparece un horizonte y se abre otro, cual si estuviera atravesando la cumbre divisoria de dos comarcas, y que aquella solemne y decisiva hora, más bien es hora de abstracción y melancolía, de austeridad y sacrificio, que de profanas, amorosas complacencias. De entonces en adelante, bien puede decir adiós el nuevo académico (dejemos por ahora al novio) a las libertades en materia de gusto, a las rebeldías contra los preceptos, a la independencia de sus juicios, a la impunidad de sus errores... Pero ¿qué digo adiós? ¡Lo perseguirá el recuerdo de sus piraterías literarias, y entrará en deseos de quemar cuantos escritos llevan su nombre, versos y prosa, comedias y novelas, y sobre todo los folletines de supuesta crítica, al modo que el recién casado arroja al fuego cartas, flores, efigies, perfumadas trenzas y demás testimonios non sanctos de sus campañas de soltero!

Con lo que acabo de decir quedan liquidados y saldados algunos créditos de mi conciencia, generosamente olvidados por vosotros, y réstame ahora añadir que me punza tanto más en la ocasión presente el recuerdo de mis pecados literarios, cuanto que vengo a ocupar la vacante de un modelo de virtudes académicas (las tuvo de todo orden), escritor pulcro y moral desde los primeros años de su vida, pensador siempre arreglado, poeta envidiable, humanista perfecto; utilísima abeja, digámoslo así, en las arduas tareas de esta casa, donde se afanó constantemente por el bien y el aumento de las

Letras españolas. Tal fue don Fermín de la Puente Apecechea. De tan valiosas cualidades, que perpetuarán el renombre de aquel varón insigne, solo una traigo yo probada, y ésa no con la nota de sobresaliente. La alegaré, sin embargo, como título a vuestra benevolencia, porque acredita, cuando menos, de parte mía, un buen deseo de cumplir la más importante y sagrada obligación aneja a los oficios de poeta y escritor público que me arrogué y desempeño hace ya veinticinco años. Y con esto he llegado al tema del presente discurso.

Refiérome, señores, a la intención moralizadora que siempre ha guiado los cortos vuelos de mi pluma, y que de igual manera deben, a mi juicio, llevar por delante, próxima o remotamente, en todas sus creaciones, cuantos desde el teatro, desde el libro, desde el lienzo, o por medio de la triunfal estatua, aleccionan y dirigen, hasta cuando no lo pretenden, a la sociedad de que forman arte. En lo que a mí toca (y será ya lo último que os diga con relación a mi insignificante personalidad literaria), vuelvo a declarar que, constantemente, en todo linaje de escritos, sin excepción ninguna, me he propuesto lo que he considerado (no sé si con error o sin él) útil a mi patria y a mis conciudadanos, cuando trataba de cosas políticas, útil a la familia y a la sociedad, si ensayaba la novela, consolador del espíritu humano, cuando pulsaba mi laúd granadino; es decir, que siempre he tenido por norte el Bien, tal y como yo lo he discernido en cada circunstancia, y que, al azotar el vicio o al ensalzar la virtud, al cantar el amor o celebrar la hermosura, tanto como a elaborar ingeniosos primores retóricos, he propendido a que la belleza de la forma sirviese de gala y realce a la bondad o a la verdad de los pensamientos.

No ostentara yo como un timbre tan pobre ejecutoria, donde no hay quien no la posea en unión de otros blasones de más precio, ni viniera hoy a defender en este acto público, como tesis litigiosa y materia opinable, lo que durante miles de años ha sido máxima inconcusa, si no hubiésemos llegado a tiempos en que es tal la fiebre de las pasiones y tan horrible la consiguiente perturbación de las ideas, que ya corre válida por el mundo, en son de axioma estético y principio didáctico, la peregrina especie, nacida en la delirante Alemania, adulterada por el materialismo francés y acogida con fruición por el insepulto paganismo italiano, de que el Arte, incluyendo en esta denominación las Bellas Letras, es independiente de la Moral; de que, proscrito el Bien de los dominios de Apolo, la Belleza debe servir de único término ideal o exclusivo objeto de atribución a poetas y artistas, y de que Bien y Belleza son, por tanto, conceptos separables. ¡Es decir; que, según los flamantes críticos, cabe que al espíritu humano le parezca bello lo ocioso, bello lo nulo, bello lo indiferente, y hasta bello lo malo, lo injusto, lo inicuo y lo aborrecible!... Ni ¿qué sabemos? ¡Acaso, para explicar ese dualismo de juicios y esa contradicción de fallos en un solo tribunal, supongan que el alma del hombre está, como si dijéramos, dividida en negociados, ajenos e independientes entre sí, de modo y forma que con un pedazo del espíritu se pueda amar lo que se desprecia o se abomina con el otro; desconociendo así los ilusos que nuestra alma, inmaterial e indivisible, es como misterioso sagrario, donde, al calor de las ideas innatas y a la divina luz de la conciencia, se asocian, funden y armonizan (no sin continuas victorias de la imaginación sobre los cinco sentidos) los varios afectos y confusas nociones que nos ofrece el mundo exterior; con lo que, tras felices desengaños del mortal orgullo, despiértase en nuestro ser aquel ansia infinita de verdad, bondad y belleza eternas y absolutas que ha producido todas las grandes obras humanas, y que es, a un tiempo mismo, vivaz estímulo de la mente, insaciable sed de justicia en el corazón y perpetua melancolía del descontentadizo sentimiento predestinado a goces inmortales! No se me oculta que ese cisma literario, cuyo grito de guerra es «el Arte por el Arte» (frase puramente retórica, y de origen polémico, sin valor alguno científico, y cuya verdadera fórmula sería «el Arte por la Belleza»), surgió en son de protesta y refutación contra los que, exagerando las legítimas aspiraciones de un excelente deseo, sostenían que el Arte no debía ser más que una expresión religiosa, tan inmediata y directa como el culto, o contra los que solo veían en él un medio mecánico de enseñanza, a la manera de los juguetes que sirven para que los niños aprendan Historia; doctrinas ambas inadmisibles en absoluto, por cuanto anulaban nobles y maravillosos registros del complicado entendimiento humano, ora condenando el Arte a degenerar en un simbolismo caprichoso, especie de escritura jeroglífica, y a formar parte del ritual de cada creencia, ora reduciéndolo a la condición de instrumento útil, cuyo mérito habría por ende de graduarse, no en el orden estético, sino con

14

arreglo a su eficacia y resultados... Pero la verdad es que, por mucho error que hubiese en confundir los tres grandes términos de la actividad humana, subordinando incondicionalmente a las leyes de la Bondad o de la Verdad el concepto de la Belleza, mayor lo hay, y más trascendental y peligroso, en éstos que proclaman el divorcio e incomunicación de las facultades de nuestro espíritu, la negación de la unidad absoluta de nuestro ser, la división de nuestra conciencia, la ambigüedad de nuestro albedrío, el fraccionamiento de nuestra mente; especie de cantonalismo cerebral, en que el Arte, la Moral y la Ciencia descuartizan y se distribuyen el sagrado imperio del alma.

Contra semejantes absurdos álzanse juntamente la Filosofía y los hechos; y estas serán las dos partes en que yo divida mis alegaciones, bien que compendiándolas todo lo posible, a fin de no cansaros demasiado.

La Filosofía nos enseña que, si en el orden metafísico figuran como distintas las tres ideas capitales Bondad, Verdad y Belleza, es porque así se presentan a nuestra limitada razón, la cual no puede reducirlas a un solo concepto. No puede, no; lo reconozco de buen grado. A ser posible esa reducción, el mundo psicológico se regiría por otras leyes, y la justicia se fundaría en otras bases muy diferentes de las de hoy. Baste decir, en lo respectivo a mi propósito (y como leve indicio de mayores monstruosidades), que por resultas de la aleación de la Bondad con la Belleza, los preceptos estéticos tendrían sanción penal y la fealdad se castigaría como delito; cosa tan extraña y repugnante a los dictados de nuestra conciencia, que la rechazaron hasta los mismos griegos del siglo de Pericles; los cuales, en medio de su fanática adoración a la forma, se limitaron a penar la caricatura voluntaria. Pero la distinción no arguye contradicción, y, si bien consideramos como distintas esas tres ideas supremas, las contemplamos en una armónica unidad absoluta, donde no cabe antagonismo: afírmanse, por tanto, mutuamente, lejos de contradecirse, y se reflejan unas en otras como nobles hermanas de sorprendente parecido, explicándose así que en todo espíritu sano causen igual complacencia la justicia que la hermosura; la gratitud o el heroísmo que el descubrimiento de las verdades trabajosamente inquiridas; la santa Caridad que los sublimes espectáculos de la Naturaleza, y que todos estos afectos se resuelvan siempre en una sola emoción de misteriosa dulzura; en aquel llanto del alma que nos arrancan las cosas sublimes y que es la mejor ofrenda del entusiasmo!

Según tales principios, cuando creemos notar contradicción entre lo bueno y lo bello, debe de ser a lo sumo mera apariencia engañadora, forjada por oculto sofisma; que también los hay en el campo de la Estética, y no menos perniciosos que los de la lógica. Sofisma estético es, por ejemplo, confundir dos o más de los órdenes en que la Belleza se particulariza, e inferir correlativamente de semejante confusión pugna y conflicto entre la Belleza y la Bondad. Citaré un caso muy notorio de este paralogismo: Víctor Hugo quiso unir la belleza moral a la deformidad física en la figura de Quasimodo. Nada censurable había en ello; porque, siendo de distinto orden las bellezas física y moral, cabe separarlas..., y separadas ¡ay! aparecen en la realidad con harta frecuencia, bien que no por fortuna mía en las bellas cuanto bondadosas damas que me escuchan... Pero el sofisma nace cuando, en nombre de la belleza moral, Quasimodo solicita, no un afecto moral también, que era el correspondiente a su mérito, no admiración, no gratitud, no amistad del espíritu, sino el amor de Esmeralda, el feudo de su hermosura, aquel cariño (digámoslo de una vez), libre y tiránico como el gusto, en que, por disposición divina, tanto puede una bella cara y a cuyos mortales ojos son inseparables alma y cuerpo. Víctor Hugo se guarda muy bien de advertirnos, al llegar a este punto de su obra, que la belleza moral de Quasimodo, o sea su virtud, se había trocado en una fealdad mayor que la de su físico desde que el jorobado dio alas a aquella pasión leonina; pero estoy seguro de que el gran poeta repararía inmediatamente en su propio contrasentido, y de que, si pasó adelante, fue... por desprecio a la penetración de sus lectores.

Otro sofisma estético, mucho más grave sin duda alguna, es sobreponer a una monstruosidad moral una belleza verdadera de diferente origen, y hacerlo con tal artificio que no sea fácil descubrir la incongruencia. Vaya un ejemplo: Supongamos que el Partenón se destinara a guarida de facinerosos (lo cual ocurría efectivamente hace pocos años), e imaginemos que algún crítico exclamase (cosa también verosímil): «¡Qué ladronera tan bella!» ¿Habría exactitud en este juicio? No. El Partenón no sería la ladronera: lo serían las piedras de que se compone, o más bien el espacio por las piedras comprendido. El Partenón seguiría siendo una obra realmente bella, inspirada por los más nobles sentimientos humanos (la religión y el patriotismo), mientras que la tal ladronera, es decir, los ladrones allí alojados, seguirían siendo feos, aborrecibles, infames, aun bajo las puras columnatas de un templo tan grandioso. Ahora bien: todas las obras artísticas inmorales, todas las maravillas literarias de argumento vil y frase obscena, son otros tantos templos convertidos en albergue de malhechores. Así anda la ruin lascivia entre los cincelados versos del Ars amandi, o así habitan la impiedad y el cinismo en los severos moldes de los hexámetros de Lucrecio.

Pero admitamos por un instante que la Belleza no tiene el valor metafísico, o sea el íntimo enlace con la Bondad y con la Verdad, que nosotros le hemos otorgado... ¿Qué pudiera ser entonces? ¿Sería, como pretenden algunos, el término exterior incógnito a que adapta su actividad lo que ha solido llamarse sentido estético o sexto sentido?

¡Ni tan siquiera se concibe tal conjetura! Para ello se requeriría que ese presunto paladar del alma mostrase su acción universalmente uniforme, reconociendo y saboreando la Belleza donde y como quiera que se le presentase; y sabido es que en nuestro globo no sucede nada de esto! Antes ocurre todo lo contrario, como lo demuestra, no ya la variedad, sino la incompatibilidad de fenómenos que ofrece la raza humana en materia de gustos, cual si el Supremo Hacedor hubiese querido evitar, entre otras complicaciones, el que todos los hombres se enamorasen de una misma mujer, o el que las pobres feas lo fuesen por unanimidad de votos. ¿Quién, pues, ni en virtud de qué término superior, podría dar la pauta de la Belleza, redactar su código, imponer sus preceptos? Nadie absolutamente. ¡Cada sexto sentido defendería su derecho individual (que decimos ahora), y habría que admitir tantas Bellezas como gustos, declarando que todas eran igualmente legítimas y respetables!... Pero ¿qué digo? ¡Ni aun el gusto propio sería regla constante para cada persona, pues las delectaciones y las preferencias varían con la educación, con la edad, con la costumbre y hasta con el cambio de condición y de circunstancias exteriores! ¿No hemos mudado todos de aficiones artísticas y literarias en el transcurso de nuestra vida? ¿No hemos cambiado de autores favoritos? ¿Quién no se ha convertido de romántico en clásico, o de clásico en ecléctico? ¿Quién no prefirió en su loca juventud las novelas de Balzac a las de Manzoni, o los estrépitos de Verdi a los suspiros de Stradella? ¿Quién no ha acabado por inmolar todas las beldades de Ticiano delante del Jacob del Spagnoleto? ¿Quién no ha variado de opinión, desinteresadamente, acerca de si los ojos negros son más o menos hermosos que los azules, sobre si la hija de Eva debe ser menuda como la Venus de Médicis, o recia como la Venus de Milo, y hasta respecto de la edad y sazón en que la mujer reúne mayores encantos?

Hay más, en contra de la teoría del sentido estético; y es que, no tan solo no existen bellezas naturales ni artísticas que imperen simultáneamente en todos los ánimos, o toda la vida en un mismo ánimo (salvo honrosas excepciones), sino que, admitido ese criterio experimental, habría que dividir el mundo de la estética en zonas de varios colores, como los mapas políticos y geológicos, estableciendo un ideal de belleza para los chinos, otro para los etíopes, otro para los blancos, y así sucesivamente. Por otra parte: la proclamación de ese oculto sentido como independiente juez de la Belleza, reduciría el Arte a una lisonja del gusto, o sea a la habilidad de complacer al que comprase cada obra, y la mejor creación, en definitiva, sería aquella que hubiese agradado al mayor número; de donde el Arte y la Moda se conceptuarían como sinónimos, el ingenio se mediría por circunstancias externas, y el buen gusto bajaría a la condición de humor; que tanto vale la preferencia accidental y variable, libre de reglas y de respetos. Habría, pues, dictaduras oligárquicas de maestros, críticos y coleccionistas, y los consiguientes motines del Vulgo necio (que decía Lope), y tremendas victorias de esta inmortal especie, más numerosa en todo tiempo que la de los doctos: con lo que, suprimidas las Academias, y en virtud de un plebiscito de sentidos estéticos, serían laureados en justicia los Churrigueras, Comellas y Rengifos, viéramos salir expulsados del Museo de Pinturas los cuadros que no fuesen bellos... según el sufragio universal, y las personas bien nacidas tendrían que emigrar a un desierto, llevándose sus penates artísticos y literarios, para seguir rindiéndoles vasallaje y culto.

Basta de semejantes delirios. Convengamos en que la Belleza, desligada de la Metafísica, se desvanece como un sueño, y que el Arte baja en seguida al nivel de un oficio sin trascendencia, cuyo único mérito podría ser la imitación servil de la realidad, no como medio, sino como objeto definitivo; de la propia manera que antes hubimos de convenir en que esa misma Belleza, desligada de la Bondad, es un contrasentido que rechaza la lógica y repugna la conciencia, por cuanto implica la divisibilidad del alma humana. Ahora, en confirmación de todo lo apuntado, y según también he prometido, voy a aducir razones extrínsecas o de hecho, por las cuales demostraré que nunca, en ninguna edad ni en ningún pueblo, bajo los auspicios de ninguna Religión ni en las tinieblas del más feroz ateísmo, han caminado separadas la Bondad y la Belleza, o sea la Moral y el Arte, sino que, por el contrario, entre las condiciones históricas que han hecho florecer las Artes y las Letras en determinados períodos, ha sido la principal el predominio de alguno de los más nobles y elevados sentimientos morales, como la Religión, el patriotismo, el amor del prójimo, la sed de justicia o la ambición de gloria. Y demostrado quedará también que, cuando estos sublimes afectos se entibian o apagan en la sociedad al soplo del escepticismo o de la indiferencia, el Arte padece una especie de eclipse, por tal extremo, que si, aun entonces, llega a producir algunas obras, son más artificiales que artísticas; frutos académicos, hijos del estudio; recuerdos de inspiraciones ajenas, que no pertenecen en realidad al tiempo en que se fabrican, sino a las edades fecundas que les proporcionaron los modelos.

Pero al llegar a este punto, y habiendo hablado tanto de la Belleza, justo es que digamos algo de la Moral, antes de que se me pregunte (pues hoy se preguntan ya tales cosas) qué entiendo yo por Moral, o a qué Moral me refiero al presentarla como inseparable amiga del Arte.

Empiezo por declarar (a cuenta de concesiones que habré de hacer muy luego) que, para mí, la Moral verdadera es la predicada por Jesucristo, la redentora del alma, la de la humildad, la de la paciencia, la de la caridad, la del perdón de las injurias, la que dijo: alteri ne feceris quod tibi fieri non vis; pues yo creo y confieso que esa Moral es la escrita ab initio por Dios en el corazón humano y oscurecida después por la concupiscencia, que hoy llamaríamos materialismo; la propia palabra de Dios hecha hombre; la que nos levanta y sublima sobre el resto de los seres creados; la que vence y anula nuestros instintos brutales; la que despierta y ejercita todas las fuerzas de nuestro espíritu imperecedero. Sin embargo; como en esta controversia no se trata de la Moral en su sentido estricto, o sea de ninguna regla de costumbres que guarde relación con determinados dogmas religiosos, considero fuera del caso ponerme a romper lanzas por mi fe y a preconizar sus timbres y excelencias. No teman, pues, los enemigos de Jesús, o los meros campeones del Arte por el Arte, que yo vaya a confundir la bondad metafísica con la ortodoxia católica y a fulminar excomuniones estéticas sobre la gentilidad y la herejía, pidiendo que sean arrojados del Parnaso Homero y Virgilio, porque no fueron cristianos, o Shakespeare y Goëthe, porque no fueron papistas... Ventílase aquí materia más abstracta y filosófica: trátase de la Moral en su sentido lato: inquiérese, desde un punto de vista anterior, ya que no superior, a las leyes positivas, a los códigos casuísticos y a las Religiones que les sirvieron de base, si en la India, si en Egipto, si en Grecia, si en la Roma gentil, si en los pueblos agarenos, si, finalmente, en las Naciones heréticas y cismáticas, lo mismo que en las católicas puras, los grandes poetas y artistas se propusieron o no siempre en sus inmortales obras, al par que traducir a formas determinadas su concepto de la Belleza, algún otro fin ulterior, alguna idea que les pareciese útil y saludable, alguna predicación alguna enseñanza, algún consuelo, alguna apoteosis. Es decir; que, en, este examen para conceder a un autor el dictado de moral, deberá bastarnos que haya tenido intención y propósito de serlo; de la propia suerte que llamamos religioso al que sinceramente profesa una religión falsa, sin pararnos a considerar los errores que patrocina y difunde por desconocimiento de la fe que tenemos por verdadera.

Sentadas estas premisas, ¿quién será osado a negar que todas las grandes obras literarias y artísticas del humano ingenio han sido y son morales en su esencia, encomiásticas de lo bueno y de lo justo, docentes de presuntas verdades, auxiliares en fin de las Religiones, de las Ciencias o de la Filosofía? Creo que nadie en este recinto; pero bueno será que echemos una rápida ojeada sobre el campo de las Bellas Artes y de las Buenas Letras, donde hallaremos, no digo probadas, sino vivas y fehacientes, mis incontrovertibles afirmaciones.

Prescindir pudiera del Orientalismo en sus varios aspectos (indio, egipcio, asirio, hebreo y mahometano), y muy poco diré de él, pues hasta la misma escuela que combato reconocerá sin duda alguna el alto sentido moral, y aun más que moral, religioso, de las obras artísticas y literarias de esos pueblos, de esas razas, de esas civilizaciones. En sus templos y en sus poemas, en sus cuentos como en sus palacios, predomina siempre la idea teocrática: el hombre se anonada ante Dios, sea contemplándolo, sea sometiéndosele: la Religión lo absorbe todo. De aquí la propensión de sus artistas y poetas al misterio y al símbolo, los arranques líricos de los semitas iconoclastas, judíos y árabes, las imágenes gigantescas de los Indios, las metáforas esculturales de los Egipcios y las fórmulas abstrusas de los Caldeos. Cada ingente montaña esculpida en forma de sagrado elefante, cada pirámide o cada esfinge plantada en los confines de los Desiertos, cada mezquita o cada alcázar mahometano revestido de versículos religiosos o de afiligranadas combinaciones geométricas de mística alegoría, con exclusión de la forma humana y de toda otra imagen de criatura o cosa perecedera, es un libro santo que habla de la Eternidad y de Dios: es una cristalización de la infinita poesía que respiran los piadosos versos de los Vedas, del Antiguo Testamento y del Corán!... Pero ¿a qué dirigir tan lejos la vista? Nuestro Palacio de la Alhambra, mansión destinada al solaz y lucimiento de una dinastía de Príncipes, podría pasar por un templo erigido en honra y gloria de Alá... «¡Alá es grande!» dicen mil y mil veces los bordados muros... «¡Alá es grande!» parece que susurra el agua al caer sonorosa de pila en pila, besando al paso tan sagrada leyenda... «¡Alá es grande» repiten los solitarios ecos de aquellas estancias, nunca perdidas definitivamente para los ensueños de los Moros.

Consecuencia necesaria de esa índole invariable de las Artes asiáticas y egipcias, es la falta de equilibrio que resulta entre la idea y la forma de sus conceptos; desproporción lógica también, por cuanto nace de la gran distancia y diferencia que la religiosidad de los Orientales establece entre la naturaleza humana y la divina; entre el hombre y su Creador...

No sucede así en Grecia. En Grecia, la idea divina se humaniza, o, por mejor decir, se humana: los dioses y los hombres solo difieren en grado: ya no los separa ningún abismo metafísico: el hombre confina con el héroe; el héroe es un semidiós; el semidiós nació de un dios: los Dioses son unos antepasados remotos de los Griegos. El infinito insondable de la Divinidad oriental ha quedado oculto tras las pavorosas tinieblas del Hado, que cobijan por igual a dioses y hombres, y en las cuales únicamente se atreverá a penetrar alguna vez, bien que lleno de sublime horror, el más augusto vate de la antigüedad pagana, el padre de los Trágicos, el inmortal Esquilo.

Homero representa la aurora de esta civilización, que ya ilumina las cumbres; pero que no desciende todavía a los valles. Trasportado en alas de su genio a la edad que media entre los hombres y los dioses, canta los Héroes, mezclando la tradición con la fábula y la Religión con la Historia. Sin embargo, la idea de Patria está ya en germen en La Iliada y en La Odisea, aunque reducida a la raza con sus númenes familiares; y, para complacer y aleccionar tan noble sentimiento, el cantor de Tirios y Troyanos presenta ilustres modelos de grandeza, de energía y de abnegación, pertenecientes a un mundo aristocrático divino, del cual se excluye él con respetuosa humildad, dejando hablar a la Musa. Nada, pues, más revelador, más docente, más edificante en aquellos días, que estas descomunales epopeyas, don de el valor guerrero, la fuerza y la hermosura son como atributos ingénitos del bien moral, y donde la misericordia, con la faz bañada en lágrimas, es uno de los aspectos del heroísmo.

Algunos siglos después aparece Tirteo, y luego Píndaro, decoro ambos de la humana especie (sobre todo Tirteo, que tan amable y apetecible supo hacer la muerte por la patria), y uno y otro, con sus odas e himnos nacionales, aplican los sentimientos homéricos a la política y a la guerra. Ellos, y los trágicos Sófocles y Eurípides (menos grandiosos e inspirados, pero más filosóficos y terrestres que el viejo Esquilo), trajeron, reflexivamente ya y a sabiendas, las ideas morales al campo de la poesía, como elementos inseparables de la Belleza, y cantaron o representaron en sus obras la Religión, la Patria, la Familia. Es decir, que aquellos grandes maestros de la Forma, los patriarcas del clasicismo, lejos de rendir al Arte la idolátrica adoración que suponen los modernos paganos, lo consideraban como una especie de culto rendido a ideas y conceptos del orden moral. Si alguien lo duda, recuerde las tragedias de los tres colosos mencionados, o las comedias del acerbo Aristófanes, terror del corrompido Demos ateniense, y verá en todas ellas exaltada la virtud, befado el vicio, odioso el pecado, solvente al pecador (ya en los días de su vida, ya en su descendencia), y, dominando sobre todos los esplendores mundanales, el poder eterno del Destino.

Pero ya me parece estar oyendo el argumento Aquiles de los partidarios de el Arte por el Arte. «¿Y las Venus griegas? (exclamarán enfáticamente): ¿no son bellas también? ¿no son artísticas? ¿no lo proclama así todo el orbe?

¿no están expuestas hoy mismo a la admiración pública en los Museos más insignes de la Cristiandad, principiando por el del Vaticano? Y ¿qué mérito moral podrá atribuirse a tales portentos de belleza? ¿qué sentido filosófico? ¿qué tendencia civilizadora? ¿qué fin plausible, o tan siquiera honesto y decente?» «¡Ninguno!» concluirán los fanáticos de la forma, tratando de hacernos creer que las Venus labradas por el cincel griego son la apoteosis de la perfección puramente física, la Belleza divorciada de la Bondad, el impudor en triunfo, la desnudez divinizando el pecado, una reproducción constante de la célebre defensa de Frine, la derrota, en fin, de la Moral ante el poder de la Hermosura!...

Séame lícito replicar con algún detenimiento a esta objeción, tan formidable en apariencia.

Ya lo dije hace poco: para los Griegos, la perfección humana llegaba siempre a confundirse con la realidad divina: lo terreno y lo olímpico (o sea lo temporal y lo eterno, que diríamos hoy) sumábanse en su imaginación como cantidades homogéneas, y de aquí el carácter esencial de sus armónicas Artes, basadas en un perpetuo equilibrio entre la inteligencia y la fuerza, entre el espíritu y la materia, entre la idea y la forma. La Belleza era allí, por tanto, distintivo de Santidad, y Venus, arquetipo de la hermosura femenina, y, como tal, madre del Amor, figuraba en aquella religión politeísta entre las Deidades mayores, no ciertamente en cuanto beldad individual presentada a la concupiscencia de los sentidos, sino en cuanto beldad simbólica y místico dechado de providenciales gracias; como numen propicio a las eternas leyes que son fuente de la vida; como la Flora, como la Pomona, como la Amaltea del linaje humano.

Así lo ha comprendido la austera civilización emanada del Evangelio, y por eso ha considerado castas, espirituales y hasta religiosas, dado el criterio de la gentilidad, esas desnudeces de ideales abstractos que luego reprodujo el pincel cristiano para representar a nuestra madre Eva. Pero, no lo dudéis: tan pronto como tales figuras trocaran su impersonalidad divina por una personalidad terrena; tan pronto como de conceptos genéricos bajasen a ser meros retratos de su respectivo original, sin ninguna especie de significación sagrada, la inverecundia del modelo se reflejaría en la obra de arte, la inmoralidad de la mujer trascendería a la estatua, sublevaríase la conciencia pública contra semejante escándalo, y, por acabada que fuese la efigie y célebre su autor, habría que esconderla en uno de esos calabozos de infamia que se llaman Museos secretos, como se aprisiona a mujeres hermosísimas o a hombres de reconocida ciencia cuando se ponen en abierta pugna con los fundamentos sociales. ¿Ni qué mayor demostración de mi aserto que este otro hecho elocuentísimo? Cuanto más completa es la desnudez griega, más noble y pura se ofrece a nuestra veneración. Cualquier accesorio atenuante, relacionado con necesidades o escrúpulos terrestres, rebajaría la dignidad y ofendería el decoro de la belleza olímpica. La Venus de Médicis está reputada como la más púdica, inmaterial y candorosa creación del Arte helénico, por lo mismo que su desnudez es absoluta: ¡nadie ve en ella a la mujer todo el mundo ve a la diosa! No justifican pues, las estatuas gentílicas en los Museos cristianos la inicua absolución de Frine; no representan el triunfo de la hermosura sobre la moral; no arguyen nada en favor de el Arte por el Arte. Al contrario: prueban que el idealismo puede llegar en el hombre hasta el punto de convertir en devoción mística el amor terreno; simbolizan la unión hipostática de la Bondad y la Belleza; y, en fin, señores: traen a la memoria, ya que de Frine hablamos, que, si un tribunal indigno prevaricó cínicamente y la absolvió al verla desnuda, el Senado, en compensación, no admitió el insolente ofrecimiento de la misma cortesana de reedificar a su costa la ciudad de Tebas.

Nada más diré acerca de los griegos, considerados dentro de su patria... Cuando la Fe se entibió en aquella sociedad, el Arte perdió su savia divina, y dejó de ser ministerio santo, para convertirse en parodia de sí propio y simulacro de la ausente inspiración del alma... Huyamos también nosotros de este pueblo moribundo, y trasladémonos a Roma.

Los romanos tenían dioses de igual naturaleza que los griegos; pero dioses sin historia y más separados ya del hombre. En cambio, habían colocado casi a la altura de la santidad de aquellos númenes la santidad de la patria, la santidad de la familia, la santidad del hogar, la veneración de los antepasados, la religión de la justicia y del derecho, y, como consecuencia, la igualdad entre pares, la dignidad respectiva en cada orden y el respeto jerárquico entre todos. Este conjunto de devociones religiosas, morales y políticas, que da a conocer en los romanos un carácter más práctico y menos contemplativo que el de los griegos, requería una finalidad más declarada en el Arte, como, en efecto, la muestran los monumentos útiles o remuneratorios, las ceremonias y oraciones fúnebres, y aun la literatura histórica y didáctica, que casi puede decirse precede en Roma a la poesía. Por otro lado: si la ciencia pura extinguió muy luego en el Lacio la fe religiosa, como ya la había extinguido en Grecia, no pudo secar las fuentes de donde esa fe dimana y de donde proceden al mismo tiempo los dictados de la Moral; prueba clarísima de que el hombre es algo más que el instrumento dialéctico de que la Ciencia se vale. Aconteció, por consiguiente, que, mientras la plebe romana llenaba el vacío de la fe con las supersticiones más extravagantes, la Filosofía, incurriendo a su modo en idéntica contradicción, buscó en las disputas de los decaídos griegos doctrinas y fórmulas convencionales con que llenar el vacío de la Ciencia.

Dos eran entonces las escuelas morales predominantes allende el Adriático: la estoica y la epicúrea.

Predicaban los Estoicos una virtud austera y desdeñosa, sin origen ni esperanza, un amor incondicional al bien, sin dilucidar su naturaleza; una moral, en suma, inflexible y huérfana como el Acaso, grande en su desolación por su desinterés; pero sin entrañas ni consuelo para los débiles. El español Séneca fue en Roma la más egregia personificación de esta filosofía, no solo en las esferas del saber, sino en el cultivadísimo campo de las Letras, y su noble entendimiento llegó a deducir de aquellos ásperos principios máximas tan saludables y puras, que hasta los Padres de la Iglesia cristiana las invocan y recomiendan en sus santos libros, no faltando quien asegure que el mismo San Pablo solía decir en alabanza del sabio cordobés: ¡Senecam nostrum!

Los Epicúreos consideraban la vida como una carga, y querían hacerla más llevadera aceptando lo que tiene de grato y suavizando con la sobriedad el contraste entre penas y placeres. Doctrina tan flexible degeneró en un sensualismo refinado, y muchas veces grosero, cuyos cantores más célebres, y también más dignos de lástima, fueron Lucrecio y Ovidio El suicidio de Lucrecio reveló al cabo la consecuencia lógica de tales premisas, así como la sinceridad de sus opiniones. ¡No se calificará, pues, su famosa y malhadado poema (De rerum natura), de mero alarde retórico o de lucubración indiferente a la Ética! A mayor abundamiento: en el fondo de esta obra impía se oye siempre un grito impremeditado de la conciencia que vuelve por la Moral, y hasta cuando, partiendo del error, el mísero vate la ofende y contradice, muéstrase animado de un afán de enseñanza y de reforma que nada tiene que ver con el Arte por el Arte.

En cuanto a Ovidio, los hechos hablan todavía con mayor elocuencia. Ovidio rebajó el epicureismo hasta el fango de las brutalidades cínicas, salva la elegancia exterior de su persona y de sus cantos, y con todo ello (itriste es decirlo!) fue el poeta más popular de la pervertida Roma. Irreverente, corruptor y sentimental, trató como materia de entretenimiento, la leyenda religiosa y prostituyó vilmente la poesía. Pero, ya lo indicamos en sazón oportuna: semejantes obras pertenecen al orden de los pecados: la delectación que producen a los viciosos es ilícita: como ilícita, tienen que saborearla clandestinamente; y nadie se atreverá a pretender que lo que no puede ser público, sea considerado como artístico! Lo contrario equivaldría a pedir, no ya un Arte indiferente al Bien, no ya un Arte sin virtud, sino un Arte criminal por derecho propio... iOh, no! El Arte, para merecer tan noble dictado, necesita el aplauso colectivo, la sanción de la humanidad, la gloria pública, luz del cielo! Dicho sea en honor de la antigua Roma, las obras obscenas de Ovidio fueron juzgadas, no solamente como pecados, sino como delitos, y la ley social, la vindicta pública, la ira del César, desterró para siempre del mundo civilizado al licencioso cantor, sin consideración alguna a la pretendida independencia del Arte y de la Moral. Entonces el infeliz expatriado renegó también de principio tan innoble; rindió homenaje a la virtud en sus desgarradoras elegías de Los Tristes y De Ponto, y, alegando tales méritos, aunque sin recoger el fruto en vida, pidió a la sociedad misericordia. iOtorguémosela!

Horacio, por más que también fuese epicúreo, consideró la Belleza como los estoicos la Virtud, y, tan elevado concepto tuvo del Arte, que, solo a impulsos de él y como caso de buen gusto, fue constantemente moral y muchas veces moralista en sus inmortales versos. Creo que a Horacio puede denominarse el Catón de la forma y el Epicuro de la honradez. «Corregir deleitando» era su divisa, y en otro lugar exclama: «Omne tullit, punctum qui miscuit utile dulci.» Por eso ocupa un puesto separado y propio en las Letras latinas y fue el poeta menos popular y más aristocrático de su tiempo. «Satis est equitem mihi plaudere!» dice él mismo con arrogante desenfado. Nada añadiré acerca del clásico por antonomasia: hable por mí su Arte Poética, de todos conocida, donde a cada paso se establece como norma lo mismo que yo trato de demostrar con ejemplos.

Virgilio representa otro aspecto histórico de aquella época (que, como veis, no estoy examinando cronológicamente, sino en su gradación filosófica). La dislocación política, inseparable siempre de la dislocación moral, había hecho pedazos el mundo helénico, o helenizado y desorganizado la República romana. Con todo, a falta de otros elementos, el pueblo latino conservaba fuerzas sociales, anónimas y subterráneas sin duda, pero bastantes para sostener una tiranía digna de su grandeza. El mundo entero pesaba sobre Roma, y Augusto, sintiendo la necesidad de afirmar las bases del naciente Imperio, produjo una súbita reacción religiosa, artificial entre los patricios y los artistas, pero real y efectiva entre la plebe. Un poeta provinciano, a cuya casa habían llegado los horrores de las guerras civiles y no los placeres de las últimas orgías republicanas, una especie de Trajano de la Poesía, fue el cantor natural de aquella Restauración. Virgilio ensalzó la Paz, el Trabajo y la Patria, presentando esta patria sobre el fondo de oro de la Religión. La Paz, sí, la dulce paz de los campos es la musa de Las Bucólicas: es el Trabajo el próvido numen de Las Geórgicas; y la Patria y la Religión son las nobles inspiradoras de La Eneida. Canta el poeta mantuano, no al colérico Aquiles, sino al piadoso Eneas, personaje religioso que peregrina con sus Dioses buscando un abrigo donde restaurar la perdida patria; y he aquí por qué este héroe, extraño al mundo gentil, da a los versos de aquel poema un sabor tan grato a la Cristiandad como en su esfera respectiva lo fue el carácter de Trajano.

Dibujada así la figura de Virgilio a la luz de su propia gloria, demostrado queda también que su testimonio habla en favor de mi digna causa. Sigo, pues, adelante con renovado aliento, como quien ve próxima la feliz terminación de su viaje; que ya clarea, tras la noche del muerto paganismo, la aurora de la Religión Cristiana, y pronto sus vivos resplandores alumbrarán el gran triunfo del alma sobre el cuerpo y de la Moral sobre la idolatría.

La decadencia del mundo clásico era irremediable. Ni la tentativa de Augusto ni otras que se siguieron bastaron a vigorizar la antigua fe, escarnecida y desautorizada en la Ciencia, en el Arte y en las costumbres. La interesada hipocresía y la grave razón de Estado, que mantenían como galvanizado a Júpiter en los solitarios templos, cuando ya había fallecido en las conciencias, no engañaban realmente a nadie, ni tan siquiera a la sencilla plebe, y pronto viose que todos los espíritus sinceros comenzaban a abrazar la Religión del porvenir, el Cristianismo. Poderoso auxiliar de esta crisis suprema había sido Luciano de Samosata, griego injerto en latino, cuya impía y sarcástica voz tanto daño hizo a los teólogos y filósofos gentiles, acusándolos de hipócritas y falsarios y predicando la virtud por la virtud, tal como aquel pagano la entendía; pero ni de él, ni del heroico y sublime Juvenal, que también había fustigado valerosamente con sus inmortales versos a la corrompida Roma, ni de Marcial, Plauto y Terencio y otros censores de las públicas costumbres necesito hacer detenida mención; pues a nadie se oculta que la sátira, en todos sus aspectos, lo mismo en la comedia que en el libro, lo mismo en el pasquín anónimo que en la canción popular, es y no puede menos de ser moralizadora antes que artística, como que tiene por musa el bien y por objeto de sus iras el vicio.

¡Respiremos, señores! Hemos llegado a los tiempos cristianos: es decir, hemos llegado a nuestros días, con lo que mi tarea puede darse por casi terminada. De aquí en adelante todos depondrán claramente en mi favor, y mi único trabajo será elegir entre el sinnúmero de testigos... En efecto: ¿quién negará que toda la civilización hija de la Cruz ha sido en esencia el reinado del espíritu sobre la forma? ¿Qué pudiera yo añadir en este punto a lo que sabe el más ignorante, a lo que palpita en su corazón, a lo que brilla en el santuario de su alma? Y si de tal modo ha pensado y sentido la universalidad de los cristianos, ¿qué no habrán expresado en sus obras los poetas y los artistas?

Diez lentos siglos, los diez siglos de la Edad Media, pasan ante nuestra imaginación como un solo éxtasis de los pueblos redimidos por Jesús... «¡Hierro y tinieblas por doquier!...» Es cierto: hierro y tinieblas cubrían la haz de la transfigurada Europa... Pero en las entrañas de aquellas tinieblas residía lo infinito. ¡Y qué relámpagos tan deslumbradores salen de aquel caos!...

Prescindo de la predicación de la Ley de Gracia: prescindo (aunque, por la forma artística de sus escritos, pudieran servir, si no han servido, de modelo a la poesía moderna) de las sublimes obras de los Santos Padres: prescindo también de los poemas y de los Códigos que se escribían en el nombre de Dios Omnipotente, al par que se realizaban aquellos otros poemas en acción llamados las Cruzadas, la Guerra hispano árabe de los siete siglos y el Descubrimiento de América, gloriosísimos empeños todos, que formaron de consuno las lenguas con que hoy se infiere agravio a dicha Edad y los pueblos y Estados que ya reniegan de sus fundadores... Solo hablaré de dos obras magistrales, esencialmente literaria la una, y esencialmente artística la otra: solo hablaré de un poeta y de un pintor que resumen el espíritu romántico y religioso de la Edad Media, y que parecen el alma de aquellas catedrales góticas donde la piedra se espiritualiza hasta desvanecerse en la idealidad del concepto puro: solo hablaré de Dante y de Beato Angélico... ¡Nadie había expresado hasta entonces con la lira o con el pincel sentimientos tan místicos, tan elevados, tan inmateriales como los de esos dos ascetas de la forma! ¡Nadie los ha expresado después, como no sean algunos genios contemplativos de nuestra patria! Pues bien, señores: no la adoración del Arte, sino la sed de justicia y el amor del Cielo inspiraron aquellas inefables visiones de La Divina Comedia y del cuadro de La Anunciación, seráficos ensueños del alma, milagros de la fe, revelaciones de lo infinito, que bastan a caracterizar la Artes y las Letras de las diez centurias que mediaron entre la caída del Imperio de Occidente y los días del Renacimiento.

¡El Renacimiento! Sabía de antemano que esta fecha crítica de la civilización de Europa, en que precisamente se inició la anarquía filosófica y artística que nos ha traído a la orfandad, al materialismo y a la miseria, era otra de las posiciones estratégicas en que podían aguardarme los partidarios de la libertad de pecar de las Musas; pero ya observaríais más atrás que me apercibí a tiempo contra semejante emboscada. Me limitaré, pues, a decir, apoyándome en axiomas anteriormente establecidos, que aquel decantado Renacimiento, independiente en Letras y Artes de los ideales contemporáneos, no tuvo vida propia. Con todo su esplendor y magnificencia externa, que yo no le disputo, fue en sustancia una falsificación de sentimientos ajenos, un anacronismo voluntario, una primavera artificial. Sus flores habían abierto, no al influjo del Sol de entonces, sino de las estufas de las Academias. El artista buscaba la forma en su inspiración excavando en las ruinas de los edificios paganos. No se discurría; se calcaba. Dejó de haber modelos vivos: la Antigüedad lo daba todo hecho. Debajo de la túnica de María se vislumbraba el cadáver de Niobe. La Muerte servía de maniquí. Pues, aun así y todo (¡oh desencanto para los materialistas del Arte!), no hay obra alguna de aquellos tiempos que no abogue en favor de mi tesis. Todas, hasta las más convencionales y académicas, encierran un fin moral, ora cristiano, ora gentil. En el primer caso, sus autores habían procedido como artistas: en el segundo, como eruditos. Pero ello es que ni uno solo de aquellos galvanizadores de ninfas y de dioses, que desnudaron impíamente, por ejemplo, a Moisés y a David, para que rivalizaran con los Apolos y con los Hércules, o dibujaron los héroes de las Cruzadas sobre el patrón de los de la Iliada y de la Eneida, ninguno, digo, dejó de pedir inspiración a la fe propia o a la extraña para que su engendro no careciese de naturaleza moral. Apelo a todas las obras de Vinci, de Rafael y de Miguel Ángel, titanes de aquella revolución, y al Tasso y al Ariosto, que la representan en la Literatura.

¿Y después? ¿qué ha sido de las Letras? ¿qué ha sido de las Artes? ¿Han renegado en algún pueblo del ideal generoso que las produjo, para convertirse en idólatras de sí mismas? Veámoslo rapidísimamente. De España no tengo que hablar. Aquí, por la misericordia de Dios, no ha habido nunca el menor asomo de idolatría para las obras humanas. Esta es la tierra de los enamorados, pero no idólatras, de la hermosura; de los paladines del honor; de los mártires de la patria; de los soldados de Jesús; de los siervos de María. Aquí no se ha concebido jamás eso de el Arte por el Arte, sino el Arte por la devoción, el arte por el amor, el arte por los cuidados del alma. Esta es la tierra de los llamados soñadores, de los ascetas, de los héroes, de los hidalgos, de los Quijotes de la Historia; es decir, la tierra de la fe incondicional, de los afectos absolutos, de los sacrificios sin límites, de los ideales sobrehumanos, donde plugo al Cielo que naciesen, no solo andantes caballeros, sino también esos Hércules de la caridad que se llaman San Juan de Dios o don Miguel de Mañara. Aquí la poesía lírica tiene por maestros a Berceo, Alfonso X, Juan de Mena, Jorge Manrique, San Juan de la Cruz y fray Luís de León, cantores de la muerte y de la inmortalidad, que no concibieron más bien que el que es Bien Sumo. Ésta es la tierra clásica del amor desinteresado y de la dificultosa teología para los casos de honra; la tierra de los caballeros y devotos de Calderón, de las nobles mujeres de Lope de Vega y de los desfacedores de agravios del inmortal Cervantes. Aquí todos han escrito creyendo, enseñando, criticando, moralizando, poniendo en lucha el deber y la pasión, la Moral y el deseo, el bien y el mal, para adjudicar el premio a la virtud y someter los apetitos al imperio de la conciencia. Nuestras envidiadas pinturas llevan los nombres de Murillo, Ribera, Zurbarán, Alonso Cano, Juanes, Morales, Claudio Coello..., para quienes el caballete no fue más que un altar en que quemaron la mirra y el incienso de su inspiración... El mismo Velázquez, el pintor realista (como se dice ahora), es todo filosofía, todo moralidad, todo devoción, cuando rompe los estrechos límites del retrato o del encargo. Y, en punto a escultores, puede decirse que, si por acaso los tuvimos, solo labraron la piedra o tallaron la madera para representar a Cristo y a sus Mártires. ¡Nunca fue su empeño hacer un ídolo del cuerpo humano! Antes pusieron todo su afán en espiritualizar la materia. Hable, si no, el inmortal Alonso Berruguete, cuyas obras nos envidia la Italia de los Ghiberti y Donatello.

Pero me abruma y me sofoca la multitud de pruebas que acuden a mi imaginación en apoyo de lo evidente, de lo inconcuso. Acabaré, pues, por lo tocante a España, citando de nuevo la obra más admirable del ingenio nacional y también del ingenio humano.¿Qué es el Don Quijote? ¿Qué significa para la Moral esa creación maravillosa, tan venerada en toda la tierra? ¿Es meramente, como algunos dicen, una sátira contra los Libros de Caballerías, que Cervantes consideraba dañosos a las buenas costumbres, y acaso, acaso, una caricatura del espíritu aventurero de los políticos españoles, personificados en Alonso Quijada? ¡Pues ya tenemos aquí el fin útil de la grande obra! ¿Es, por el contrario, y como yo creo, una sátira contra el egoísmo, contra la injusticia, contra la ingratitud, contra la grosería del vulgo alto y bajo, y contra el escarnio que hace y mala cuenta que suele dar de aquellos generosos paladines que se aventuran a luchar y sufrir por el prójimo? ¡Ah, señores! En tal caso, ¡qué desagravio de la Moral! ¡qué alegoría tan bella y tan consoladora! ¡cómo se ufana el bueno de padecer persecuciones por la justicia! ¡cómo bendice el poeta los molinos de viento de sus ilusiones!

¡cómo se reconcilia el mártir con la Dulcinea de su esperanza! ¡qué grotesco y odioso ha resultado el materialismo! ¡qué grande y benemérito aquel noble demente! ¡cuán excelsa y amable su poesía! ¡qué vil la prosa de Sancho Panza! Tal es a mi juicio el sentido, profundamente espiritual, y por lo tanto moral, de las Letras y las Artes españolas; y tal, aunque con diversos caracteres, contemplo la naturaleza íntima de todos los grandes poetas y artistas europeos en el decurso de la Edad Moderna. Miremos, si no, de pasada las dos o tres figuras que, como soberanas cumbres, descuellan sobre las demás; y terminemos, que ya es hora.

A la parte de Inglaterra, vemos asomar la noble frente de Shakespeare, coronada de inmarcesibles lauros. Nadie le niega ya a ese gigante el título de «el más grande dramaturgo del universo.» ¿Y qué fue en puridad? ¿Un artista de la forma? ¿una especie de mecánico, o escenógrafo, que disponía arbitrariamente lo que hoy suele llamarse Cuadros vivos, sacrificando la verdad al simple efecto y buscando a todo trance los alaridos de terror del público? ¿Fue, en suma, un servidor de el Arte por el Arte? ¡Ah, no! Su gloria tiene más sólido cimiento. Sus dramas son el espejo de la vida y la autopsia de la conciencia. Al oír hablar o al ver moverse a Hamlet, a Macbeth, a Otelo, a Glocester, al Rey Lear, el espectador cree que se asoma a los abismos del alma, y que ve allí la cuna de las pasiones, las escondidas fuentes del bien y del mal, el antro donde se engendra el crimen, la ignorada gruta donde van juntándose las lágrimas, la fuerte roca donde se cristaliza el diamante de la virtud, la hirviente lava que ha de hacer temblar la tierra... Cada afecto o cada pasión, cada heroicidad o cada culpa, lleva al lado su ángel o su demonio, su recompensa o su castigo. El Remordimiento es siempre la tremenda furia que desencadena el autor contra los malos. Dios misericordioso está siempre en el fondo del drama, consolando a los buenos con la paz de la conciencia. Por eso las obras de Shakespeare son tan dulces y tan edificantes en medio de todos sus horrores. Su última lontananza es el cielo. Allí triunfa Desdémona, la inocente víctima del Moro; allí está Antonio, el sublime deudor del Judío; allí los Amantes de Verona; allí Ofelia; allí los hijos de Eduardo; allí el Rey Lear, segundo Laocoonte, no atormentado por serpientes, sino por sus ingratas hijas.

En la docta Alemania surge otro coloso, cuyas singularísimas obras, producto de un genio inmenso, tampoco desmienten mi afirmación. Y cuenta, Señores, que se trata de aquel revolucionario que en la Poesía moderna representa lo que Platón en la Filosofía antigua; de aquél que soñó con una religión filosófico-humanitario-universal y en su triunfo definitivo sobre las dogmáticas, sin sospechar que en pos de las escuelas metafísicas de su tiempo vendría el materialismo; de Goëthe, en fin; del autor de Las Afinidades electivas, del autor de Fausto, del autor de Werther y de tantas otras gigantescas temeridades como perturbaron la Europa a fines del siglo pasado. Con todo, Goëthe, en la parte meramente literaria de sus creaciones, en lo dramático y en lo lírico, rinde culto a la Moral de su época; en la parte filosófica se afana constantemente por el bien absoluto, y, si considera el arte con una serenidad olímpica que tiene poco de humana, esto mismo contribuye a que, como Horacio y como Schiller, eleve la probidad a la categoría de belleza. No puedo detenerme a citar ejemplos: solo indicaré uno. La virtud de Margarita, vencida un instante por todo el poder del Infierno, valido de las armas del Amor, se purifica luego en el Jordán de las lágrimas, y llega a triunfar de Mefistófeles, arrebatándole el alma de Fausto. «Sube... Sube...., ¡que él te seguirá!» dice la MADRE GLORIOSA a la pecadora arrepentida.

Lord Byron, portentoso cuanto desventurado genio, personificó, por decirlo así, la poesía lírica, romántica, subjetiva, soberbia como Lucifer, cósmica y personal a un tiempo mismo, que nació del divorcio del Cielo y de la Tierra. Huérfano el Arte, habíase prendado de la Naturaleza, considerándola huérfana también, y contábale, como antes a Dios, los infortunios de la humana vida. Byron recorre la Europa y el Oriente, llorando, maldiciendo, mostrando doquier las llagas de su alma y escribiendo en variedad de tonos la tragedia de sus desventuras; monólogo autobiográfico que imitaron luego sus rapsodas o sus discípulos, bien que muchos de éstos, por necesidad de escuela, fingiesen dolores que no sentían. De cualquier modo, la verdadera poesía byroniana, la poesía cómplice del mal, la poesía rebelada contra Dios, ofrece un dichoso contraste, a falta del cual no resultaría artística, sino ruin y oscura como la blasfemia, y es, que sus propias lamentaciones, su fondo elegíaco, su incurable melancolía, prueban al mundo que sin creencias ni virtudes no puede haber felicidad ni reposo. Aquella angustia y desesperación que van unidas a sus impiedades y sarcasmos son tan moralizadoras como lo fuera una buena estatua de Orestes, de Caín o de Satanás, sobre cuyo rostro hubiese impreso el escultor con mano maestra el espanto del crimen, el horror del remordimiento, o la tristeza de un alma precita. Solo por contraposición, el bien y la inocencia aparecerían amables y apetecibles, y, consiguientemente, desagraviada la Moral. Fuera de esto, el mismo Byron, al modo de un ángel caído, suspira a todas horas por esa inocencia y por ese bien, por la fe que perdió y por el cielo de que se cree desterrado, hasta que finalmente va a exhalar su último canto y a dar su vida en aras de un sentimiento noble y generoso.

Una palabra acerca de Francia; pues, aunque poco, muy poco sustancial, hay que decir de ella, río debo pasarla por alto. Francia no ha creado nunca verdaderas escuelas artísticas ni literarias. Aplíquese a Racine y a Corneille lo que he dicho del Renacimiento, y se tendrá mi humilde opinión respecto de tan ilustres dramáticos. Sus mejores obras están vaciadas en moldes grecolatinos, no solo por la forma, sino hasta por la esencia, salvo alguna ocasión en que nuestro Teatro les sirve de modelo. Como quiera que sea, Racine y Corneille no dejan nunca de proponerse un fin útil y saludable, como lo preceptúa Boileau; ya la misma Moraleja de la primitiva fábula pagana, ya alusiones políticas o patrióticas. ¡Hasta Voltaire, el Luciano del siglo XVIII, preconiza el bien y la virtud siempre que se calza el coturno trágico, y, si algunas veces rebaja la poesía al fango de los Ovidios y Lucrecios, es impulsado por aquel fanatismo negativo que a él le parecía la suprema moralidad. En cuanto al gran Molière, gloria legítima de Francia, su mejor elogio será decir que hizo tantas buenas obras como obras buenas. El Avaro, El Misántropo y El Hipócrita no fueron menos aplaudidos de los hombres de bien que de las personas de buen gusto.

En el siglo presente, la literatura francesa ha ido descendiendo, y haciendo descender las Letras latinas, desde el romanticismo objetivo, que predicó lo inmoral, creyéndolo moral, hasta los géneros bufo y sucio que enseñan lo inmoral, a sabiendas de que lo es... Pero respetemos al delincuente en la hora providencial del castigo... Respetemos el dolor de un pueblo humillado, y pidamos tan solo que la pena que le ha impuesto la severidad alemana vaya seguida del escarmiento.

He concluido mi larga y laboriosa tarea. Creo haber probado, señores Académicos, con razones filosóficas al principio, y después con el propio testimonio de las Letras y de las Artes, que la Belleza es una incógnita metafísica como la Verdad y la Bondad, de las que nuestra limitada razón solo vislumbra desde la tierra algunos pálidos reflejos: he intentado demostrar que estas tres ideas madres son distintas entre sí (pero consustanciales en esencia) y distintas sus esferas de acción (pero concéntricas y armónicas), de tal suerte que nunca llegan a contradecirse: y he deducido, en consecuencia de todo, que, si la Moral no puede considerarse como exclusivo criterio de belleza artística, tampoco puede haber belleza artística indiferente a la Moral, a menos que se niegue la indivisible unidad de nuestro espíritu.

No os habrán sorprendido, por lo demás, la viveza y el calor con que he tratado un asunto que hasta ahora solo había dado margen a ceremoniosos torneos didácticos; pues demasiado sabréis que la teoría de el Arte por el Arte está hoy relacionada con otras a cual más temible y que juntas socavan y remueven los cimientos de la sociedad humana. Comenzose por pedir una Moral independiente de la Religión: pidiose luego una Ciencia independiente de la Moral: en voz baja empieza ya a exigirse que independiente de la Moral sea también el Derecho, y a grito herido reclaman los Internacionalistas, dejándose de contemplaciones y yendo derechos al bulto, que se declaren asimismo independientes de la Moral las tres entidades sociales: el Estado, la Familia, el Individuo. ¡Es decir, Señores, que los ateos, pasando del humanismo sin Dios al humanismo sin alma, y del humanismo sin alma al bestialismo (última palabra de los materialistas), reniegan ya juntamente del Dios del cielo, de los Reyes de la tierra, de la autoridad histórica, de todo vínculo social, de la sociedad misma, de la propiedad, de la casa, de la esposa, de los hijos, hasta de sí propios, o sea de su condición de criaturas racionales, pidiendo, en cambio, a la luz del petróleo y entre las ruinas causadas por el incendio, la anarquía universal, el amor libre y la irresponsabilidad de las acciones humanas!

Pues bien: en circunstancias tan pavorosas y terribles; sin parar mientes en que el soberbio edificio de esta civilización negativa tiembla ya bajo nuestros pies, es cuando hay maestros de estética que se atreven a proponernos que el Arte, el gran elemento conservador, prescinda también de sus aspiraciones espirituales, de los dictados de la conciencia, del amor al Bien, de todo respeto a la Moral! ¡Proceden, en verdad, lógicamente esos peregrinos doctores si, como presumo, pertenecen a la extrema izquierda de la filosofía novísima! ¿Para qué la Moral, si no hay Dios, si no hay alma, si no hay hombre, si no hay más que fenómenos físicos sobre la tierra? Pero vosotros, oradores, poetas, músicos, escultores, pintores, arquitectos, que vivís la vida del espíritu, y vosotros también, meros aficionados a las Letras y a las Artes, que acudís a estas solemnidades académicas, y a los Teatros, y a los Liceos, y a las Exposiciones artísticas, ganosos de útiles y dulces espectáculos que consuelen y animen vuestro corazón en este siglo de la materia por la materia; vosotros rechazaréis altivamente esa teoría sacrílega, fruto ponzoñoso de un nuevo satanismo, enemistado con el Bien, que desea proscribir la Moral de todas partes, que ya ha reducido mucho el imperio de la Virtud, y que hoy nos declara sin rebozo (en nombre de no sé qué Belleza sin alma) que quiere ser dueño de practicar el mal! ¡Para vosotros, la fe en Dios, la augusta idea de la inmortalidad del espíritu, los triunfos sobre las pasiones terrenales, los sacrificios del egoísmo animal, la penitencia, la limosna, la castidad, el perdón de los agravios, el amor al enemigo, serán siempre la verdadera vida y la verdadera sublimidad del hombre en este bajo mundo! ¿Cómo no, si triunfar del cuerpo, redimir el alma, sobreponer lo moral a lo físico, es el atributo esencial y genérico que distingue al ser humano de la bestia?

En ese terreno, y no en ningún otro (digámoslo con vergüenza y amargura), hay que dar hoy la batalla a los impíos. Ya no se trata de comparaciones y diferencias entre ésta y aquella Moral o entre tal y cual Religión positiva. ¡Ni tan siquiera se trata de si hay o no hay Dios!... El mal está más profundo: la gangrena roe más abajo. Se litiga si hay o no hay espíritu, si hay o no hay alma, y con probar nosotros que la hay, lo habremos probado todo. ¡De haber alma, tiene que haber mejor vida; tiene que haber Dios; tiene el hombre que responderle de sus actos; hay necesidad de Moral; podremos subsistir sobre la tierra!

Defended, pues, ¡oh soldados del sentimiento! los timbres de vuestra naturaleza empírea, de vuestra divina alcurnia! ¡Defended que sois hombres! ¡defended que sois inmortales!... Por lo que a mí toca, mientras aliente y pueda escribir o hablar, seré el paladín del Alma. Ella es mi Dulcinea. En la

Religión, en la Historia, en la Poesía, en las Artes, veré siempre lucir su maravillosa hermosura! Digan otros que la señora de mis pensamientos no es más que un vulgar conjunto de fuerza y materia, como el que, según cierto sabio a la moda2, dirige las funciones del cerebro humano. Para mí no dejará nunca de ser la inmortal Princesa de incomparables gracias a quien debo las únicas alegrías que recuerdo sin abochornarme, las horas mejor empleadas de mi vida, mis ensueños poéticos, mi mansa felicidad, el consuelo de todos mis dolores y la inmarcesible esperanza que, como fiel siempreviva, me acompañará hasta el sepulcro.

¡Oh dulce concierto! Espiritual y moral son ideas inseparables. Todo lo que eleva al hombre sobre la materia lo fortifica y lo mejora, bien sea la contemplación de la naturaleza muda, que apenas sabe balbucear su himno de agradecimiento al Criador, bien el divino arte de la Música, que tanto habla al espíritu con los indeterminados acentos de su misterioso idioma. Llora el mortal entonces, sintiendo más que nunca la inefable nostalgia del cielo, y sus copiosas lágrimas, acerbas al principio, son al cabo puras y alegres como aquellas últimas gotas de la lluvia que abrillanta el Sol después de la tempestad y que sirven de gala y regocijo al indultado mundo. Indultada de su destierro se cree también la mísera criatura cada vez que el entusiasmo la purifica con aquel noble lloro equivalente a una plegaria, y, presintiendo, en su éxtasis, la hora del perdón y de la libertad, o sea el instante de la benigna muerte, recobra fuerza y virtudes para seguir peregrinando hacia su patria. Y, pues esto es así; pues que nuestra jerarquía sobre la tierra consiste precisamente en vivir fuera del tiempo porque se cuenta y del espacio que se mide; pues que los ídolos de barro, las beldades del mundo, nuestras inspiraciones y nuestras obras pasan ante la Eternidad sicut nubes, quasi aves, velut umbra; pues que nosotros mismos somos huéspedes de un día en este pobre globo que se disputan la luz y las tinieblas..., a tal extremo ¡ay de mí triste! que al entrar hoy aquí (aunque tan temprano me habéis llamado), no me aguardan ya los brazos de aquel que amé con filial cariño y cuya sombra amiga todos me recordáis3(como tal vez muy pronto solo quedará una vaga memoria de mi paso por esta Comunidad); pues que sueño es la vida, humo leve la gloria, nuestras bellezas ilusión, litigios nuestras verdades, y único bien duradero la esperanza de lo absoluto, considerad, Señores, si hay razón y fundamento para que, desdeñando los ideales finitos y buscando digno término remoto a nuestras obras, nos elevemos a la contemplación del Eterno Ser en quien juntamente residen la Suma Verdad, la Suma Bondad y la Suma Belleza.

He dicho.

Discurso sobre la oratoria sagrada

Señores:

Desde que leí por primera vez el manuscrito del grandioso discurso que acabáis de oír, adiviné la profunda emoción que os causarían todas sus nobles y bien concertadas partes, así como la especie de plenitud y agobio de admiración y entusiasmo que experimentaríais en este momento; por lo que, parándome a considerar que yo era el sin ventura a quien obsequiosa deferencia de nuestro digno Director imponía la alta honra, pero difícil empeño, de contestar en nombre de la Academia, determiné no hacerlo con otro discurso (que en manera alguna, y muchísimo menos siendo mío, podría ya cautivar vuestra encadenada atención), sino reducirme a cumplir lisa y llanamente mi deber reglamentario, hablándoos con brevedad y ligereza tales, que la fatiga que os produjesen mis palabras no excediera del minimum de vuestros temores.

Verdad es que, en cualquier otro caso, aun tratándose de orador y discurso de mucho menor cuantía (dado que pudierais volver a elegir Académico de mi mediocre talla), todavía me preguntara yo si no debía adoptar como buen sistema el procedimiento a que hoy recurro por necesidad: todavía, digo, me preguntara, como os pregunto, si no fuera siempre discreto que el llamado padrino dejase por entero al neófito el papel de protagonista, en lugar de afanarse por aguar o compartir su triunfo, parafraseando, o tal vez impugnando su peroración: pues bien claro se advierte que, si la parafrasea, amplifica y adiciona, el acto degenera en redundante y monótono, y que, si la impugna, desluce y desbarata ¡en fiesta tan solemne, a la faz del convocado público, y hasta delante de señoras!..., hace un flaco servicio a su pobre ahijado... Pero, en fin, no es éste, ni con mucho, el caso en que nos vemos; que ni yo tengo nada que oponer al magnífico discurso del señor Pidal, ni, aunque lo tuviera, contaría con fuerzas y medios para disminuir el mágico efecto de su palabra. Se limitará, pues, mi pobre y humilde tarea a saludarlo en nombre de esta regocijada Corporación, ufana de verle ya en su seno; a exponer los méritos, ciertamente notorios, pero nunca bastante celebrados, que motivaron el unánime llamamiento que aquí le ha traído; a responder a las sentidas palabras con que nos ha expresado su gratitud, y, necesariamente, a decir algo, muy poco, pero siquiera lo preciso, acerca de su primer acto académico, para que, al menos, conste en nuestros anales que el héroe de su memorable discurso ha sido el insigne fray Luís de Granada, y que la Academia Española ha tributado en algún modo el debido homenaje de amor, sumisión y agradecimiento a este gran rey del habla castellana, tan gallardamente alzado hoy por el señor Pidal sobre el pavés de su propia elocuencia.

Con lo que basta ya de exordio, si la cabeza ha de ser proporcionada a las demás partes de mi breve oración, no se diga luego que he gastado toda la pólvora en salvas o salvedades, y que he sido difuso al anunciar que iba a ser lacónico, pareciéndome a aquél que decía en una carta: «Perdone usted que sea tan extenso; pero estoy muy de prisa.»

Para dar la más completa y cordial bienvenida al señor don Alejandro Pidal y Mon, empiezo considerándolo bajo el aspecto en que él, piadosísimo hijo, ha querido presentársenos ante todo en el tierno preliminar de su discurso, cuando, conmoviéndonos hondamente, proclamaba que su encumbramiento al cargo de que va a tomar posesión, solo podía hallar defensa en los derechos de la sangre, y que, aun alejado de esta Academia, siempre la había considerado la casa solariega de sus mayores. Hablando luego, con legítimo orgullo filial, de la venerable sombra de aquél que, sin dejar la presencia de Dios, donde goza el premio de sus virtudes, le precede (son sus bellas palabras) en el áspero sendero de la existencia, abriéndole paso con el brazo invisible de su autoridad, le hemos oído añadir:«¡Ojalá fuera más propicia esta ocasión que para la tristeza para el regocijo!» Y patéticamente se lamentaba de que esto le impidiera seguir tratando de los altos merecimientos de su padre.

A lo cual le respondo yo (seguro de que también soy eco de generosas voces de vuestra alma), que tan propicia para la tristeza como para el regocijo es la presente ocasión, en que hemos visto correr hermosas lágrimas de los ojos de agradecido huérfano, y que la Academia se complacerá muy mucho si mi voz logra consolarlo al deplorar con él la muerte y enumerar los títulos de gloria del antiguo compañero, a quien con amor recuerdan aquí, de una parte, los que se titularon sus hermanos, y de otra, los que, llegados más tarde, lo veneran como padre y maestro... Así verá su digno y verdadero hijo cuán positivamente es cierto que, al poner el pie en los umbrales de esta casa, ha entrado en su paterno hogar, y hasta qué punto puede considerarse entre nosotros como en medio de su familia... ¡Todos, todos, sin excepción alguna, le estrecharemos hoy entre nuestros brazos, por ser quien es personalmente, por el esclarecido nombre que invoca, y por pertenecer ya a nuestra comunidad de profesos, de las buenas letras!

Pero ¿qué podré yo decir en elogio del inolvidable Académico don Pedro José Pidal, invicto orador, sabio ministro, embajador afortunado y profundísimo historiador, que logre ufanar y alegrar a su buen hijo? Nada tan autorizado y oportuno como citar unas frases escritas en alabanza de aquel grande hombre por otro hombre también ilustre; frases que se destinaban a ser leídas en este mismo sitio, y en acto análogo al presente, o cual no llegó a realizarse por nueva desventura de la Academia.

Es una dolorosa historia... Habíais elegido para ocupar la silla vacante por fallecimiento del marqués de Pidal al consumado hablista, orador y poeta don Antonio Aparisi y Guijarro, y disponíase el respetable Académico electo a presentaros su discurso de ingreso en este recinto, tan contiguo a la final morada, cuando también le sorprendió la muerte. Ante mis ojos he tenido yo el precioso manuscrito, trazado de puño y letra de aquel modelo de ciudadanos, que me honró con paternal amistad, y de ese documento (reproducido luego en letras de molde) copio las siguientes palabras, que al cabo resuenan, después de tantos años, en el lugar para donde se escribieron. Ya es Aparisi quien os habla... Reconoced su elegíaco estilo.

«Miro la silla que he de ocupar, en que se sentaba aquél cuya memoria no morirá nunca... Tiemblo ocuparla.

»Fue sin duda insigne varón, ornamento de la Patria... Entre las flaquezas de su época, permaneció firme e incontrastable; entre las veleidades del tiempo, inflexible; entre las corrupciones, inmaculado: gran ciudadano, era como el nervio de todo un partido; al morir él, pareció que el partido entero con él moría. Aun los que pensaban que había muerto, al pasar por delante del gran orador, le saludaban en su persona: semejaba columna altísima que sustenta una gran techumbre: los vientos la cuartean y cae con estrépito; la columna queda en pie... Más de una vez le oí: admiré el espíritu levantado, la instrucción vasta, la lógica temible. No era ya el Sol que brillaba en su cenit; no, que estaba ya en su ocaso; pero ¡aún era el Sol!... En adelante, una enfermedad cruel hizo al varón insigne objeto de lástima respetuosa. El león estaba encadenado, y tenía fiebre además...

»Una cosa me admiró en aquel hombre, y otra me enterneció.

»Su grande espíritu, dando vida a aquella naturaleza casi muerta, podía trazar aún, en una obra que vivirá, las alteraciones de Aragón, y vindicaba la memoria de Felipe II, el hombre más rey que ha existido...

»Una noche, lo recuerdo bien, a un fogoso orador se le escaparon palabras de aquellas que escandecen los oídos católicos, y Pidal las oyó, y pugnó por ponerse en pie, y con lengua trabada y balbuciente, y con acentos que parecían gemidos, pidió la palabra, si no para contestar, para protestar, y, concedida, hizo un gran esfuerzo, y no pudo, y se dejó caer sobre el asiento, y lloró...

»Éste fue el discurso más elocuente que pronunció en su vida...»

Así habló..., así pensaba hablar aquí, en honor de don Pedro José Pidal, don Antonio Aparisi y Guijarro... Nada tengo yo que añadir, en mi pequeñez, a retrato de tanto valor, que parece hecho por la férrea pluma de Cornelio Tácito. Solo daré fe y testimonio, a los que no conocieron el original, sobre la gran exactitud del parecido; pues también me cupo a mí la suerte, allá en mis mocedades, de admirar en la política tribuna y tratar fuera de ella al digno paisano y sucesor de los preclaros hijos de Asturias Jovellanos y Campomanes... Con lo que ya es tiempo de que, deseando paz en su eterno reposo a los que finaron, y trayendo entre nuestros brazos al señor Pidal, hijo, vengamos a la festividad presente y hablemos del laureado paladín que, rico de juventud y bríos, y movido por su noble sangre, acude a ayudarnos en la continua tarea de esta Academia...

Pero ¡ay! no salgamos todavía de la mansión de los sepulcros; que la propia voz del nuevo hermano nos llama aún y nos detiene delante de reciente fosa... Sí; todavía tenemos que responder, con toda la efusión de no mitigada pena, a las hidalgas alabanzas que, antes de ocupar entre nosotros el conquistado puesto, dedica a la buena memoria del que lo dejó vacante... Todavía hemos de decirle que la Academia se asocia al elegante y merecido elogio que ha hecho del inolvidable conde de Guendulain, cuyo júbilo no tendría hoy límites, si pudiera ver que le reemplazaba en su enlutada silla heredero de tales prendas y tan identificado con él en opiniones y sentimientos...

Señores: la hoja de servicios del señor don Alejandro Pidal y Mon, o sea el conjunto de títulos con que penetra en este que llamé algún día Senado literario, goza de tal notoriedad en España y fuera de ella, que bien pudiéramos creerle dispensado del público examen de calidades que es de rúbrica en la toma de posesión de cada nuevo Académico. Pero callarme sobre los merecimientos de mi insigne y querido ahijado, fuera privarme y privaros a vosotros de legítima complacencia... Lo que sí haré, en esto como en todo, obligado por la premura de tiempo que me aflige, será abreviar de razones y comentarios propios y reducirme a citar hechos y documentos.

Por dos diversos modos ha ganado superabundantemente el señor Pidal, a juicio de amigos y adversarios, la medalla y diploma de Académico. Como escritor y como orador; dado que no sea siempre orador, hasta cuando blande la pluma en el periódico o en el libro.

Su grande obra escrita es la titulada Santo Tomás de Aquino, que todos conocéis. Discípulo predilecto del virtuosísimo padre dominico y gran tomista fray Zeferino González, el nuevo Académico emprendió con ardiente entusiasmo, luego que hubo terminado la carrera de Leyes, un estudio perseverante y concienzudo, como ya se hacen pocos en este siglo, de todas las obras del soberano teólogo y filósofo apellidado universalmente El Ángel de las Escuelas. De aquellas laudables vigilias, a que el señor Pidal dedicó sus más floridos años, fue sazonado fruto el libro de que os hablo. No me creo yo con autoridad bastante para hacer su panegírico, aunque mi educación fuera también escolástica y mi carrera literaria la Teología: háganlo respetabilísimos maestros. Hágalo primeramente el propio P. Zeferino, hoy Arzobispo de Sevilla, quien, en su monumental Historia de la filosofía, llama al señor Pidal y Mon «ilustre biógrafo y elocuente apologista de Santo Tomás de Aquino, y gloria a la vez del Catolicismo y de la tribuna española;

añadiendo que su libro es recomendable como pocos por su estilo grandilocuente, acaso con algún exceso (leo palabras textuales), y por el resumen y crítica de la doctrina de Santo Tomás que contiene, por su profundo sentido cristiano y por su vasta y escogida erudición.» Oigamos también al célebre escritor italiano Salvatore Talamo, profesor de la Academia histórico-jurídica instituida en el Vaticano por el sapientísimo y prudentísimo León XIII, y uno de los que más han ayudado y ayudan a Su Santidad en la gran edición de las Obras de Santo Tomás de Aquino... «Otro monumento (dijo al aparecer el libro del señor Pidal y Mon) es éste que surge para honrar la memoria del Angélico Maestro... En ninguno como en él está esculpida con toda su grandeza, y casi diremos en la totalidad de sus aspectos, la majestuosa y colosal figura del sumo Doctor. Ninguno como él representa a Santo Tomás en la ciencia y en la historia... Por ardua y difícil que fuese la empresa, la ha conducido y cumplido con perfección... Al mérito del fondo, une este libro un modo de decir opulento, elevado, copioso y profundamente sentido, que revela en el autor viveza de fantasía, esplendor de elocuencia y bondad de ánimo y de entendimiento.» Recordemos, en fin, las nobles alabanzas que de esta misma obra hizo, con largueza que no habrá olvidado el señor Pidal, un periódico español tan ilustrado y competente como El Siglo Futuro. «El autor de Santo Tomás de Aquino (dijo entre otras cosas) es don Alejandro Pidal y Mon, a quien ya conocen todos los católicos de España por los frutos literarios de sus raros talentos, cultivados con exquisita diligencia y espléndidamente ilustrados por los rayos de la fe...» «Para realizar su grandioso designio, el señor Pidal ha reunido gran copia de erudición y saber y ha consultado cuanto podía ayudarle en su empresa, contando Singularmente con los beneméritos religiosos del Orden dominicano, entre quienes descuella el Rdo. P. Zeferino González, amigo del autor...» «Júntese a esto una razón noble y fecunda, un fondo de piedad tan tierna que desde el principio de la obra se exhala suavemente..., una adhesión firmísima a Santo Tomás de Aquino, que raya en vivo entusiasmo, y los demás dones y talentos recibidos copiosamente del cielo por el docto panegirista...»

Aquí hago punto respecto del escritor, y paso a tratar del orador. Pero ¿qué diré yo que no sepáis todos? ¿Qué diré que no sepan cuantos puedan leer mis mayores celebraciones? ¿Quién no recuerda sus grandes triunfos en la tribuna desde que apenas había llegado a la edad viril? ¿Quién ignora la extraordinaria resonancia que tienen sus valientes y bien sentidas oraciones, no solo en nuestra península, sino en toda nación católica, en altísimos solios y encumbradas y poderosas inteligencias? Abundante y briosa palabra, erudición e instrucción nada comunes, valor tribunicio, autoridad de vir bonus, conmovedores arranques de sincera pasión y todos los esplendores de la poesía lo han alzado a figurar entre los primeros en esta tierra de los eminentes oradores, pudiendo asegurarse, por tanto, que el imperio instintivo, natural, ingénito, que ejerció siempre sobre la lengua patria, y que progresivamente han ido fortaleciendo el estudio y la reflexión, harán que éste, como otros príncipes de la elocuencia española, sea utilísimo a los fines de nuestro instituto. Que la propiedad y acierto en el empleo de las palabras es también caso de inspiración y numen, y los verdaderos oradores, lo mismo que los verdaderos poetas, nacen con el privilegio de encontrárselo todo dicho, por no sé qué especie de humanidades infusas... Sabios muy respetables andan por el mundo que pasarían muchas noches en vela para hallar los calificativos felices, los verbos adecuados, los giros castizos y las construcciones gallardas, que de pronto se les ocurren a estos capitalistas natos del buen decir, a quienes tanto deben gramáticas, retóricas y diccionarios.

Pero todavía no he hecho mérito de la cualidad sobresaliente del señor Pidal, considerado en sus discursos, en sus escritos y también en su persona... Me refiero a la índole y grado de la fe religiosa, o, por mejor decir, taxativamente católica, que le sirve de musa en cuanto piensa, escribe, dice o hace... Y aquí debo observar que, en mi concepto, dentro de toda Religión hay que distinguir tres clases de apóstoles o propagandistas: los naturales, los aleccionados y los filántropos. Son naturales los que nacieron y se criaron creyendo, v. gr., en Jesús, y nunca han vacilado en su fe; como (por ejemplo) Santo Tomás y Fray Luís de Granada: son aleccionados los que, después de haber profesado otras creencias, entran real y efectivamente (como, por ejemplo, San Agustín y San Pablo), en determinada comunión, bajo el glorioso título de convertidos; y no son, en fin, sino filántropos los que, no profesando, a pesar suyo, en lo interior de su conciencia, ninguna religión positiva, consideran que alguna de las existentes puede, por su moral y por su prestigio (ellos la creen mero prestigio), ser útil, saludable y

44

consoladora a aquellos a quienes aman; a su propia familia, al prójimo, a la patria, a la sociedad...

De este último linaje de propagandistas, que pudiéramos llamar confesores y, practicantes externos, o por cuenta ajena, no hay para qué hablar ahora. Advertiré, sin embargo, que juzgo hasta beneméritos y heroicos a los que recomiendan consoladoras y moralizadoras creencias que ellos no tienen, si los comparo con los que se afanan por arrebatárselas al que las tiene. Creo yo que la mayor peste del mundo, en la crisis que hoy corre la sociedad, es la manía de ciertos mozos que, por haber leído en algún libro alemán, traducido al francés, el descubrimiento de que no hay Dios en la tierra ni en los cielos (como si a enterarse de esto alcanzaran los microscopios y telescopios de Alemania y Francia), andan por esas calles, parándonos a los viejos y semi-viejos, a fin de espetarnos tan mala noticia... ¡Y si solo nos la dieran a nosotros!... Pero se la dan también a los que pueden creerla a puño cerrado; se la dan a los niños; se la dan a los pobres, pobres al par de discernimiento y de prudencia; se la dan... (bien que esto con menos fruto) a buenas y santas mujeres, que se echan a llorar a la sola suposición de que sus hijos no tengan en el cielo un eterno padre!... Y lo más ridículo de todo es que estos voluntarios de la impiedad, apóstoles imberbes del ateísmo, ejercen en definitiva un oficio muy anticuado y grotesco; oficio que ya desempeñaron, antes de que naciéramos los que hoy peinamos canas, una porción de filosofastros del corte de Volney y de Pigault Lebrun, cuyos librejos racionalistas se apolillan hace diez lustros en prenderías, baratillos y ferias, sin hallar quien los compre ni los prohíba; oficio, en suma, que revela en sus maestros y aprendices tan mala educación como pésimo gusto, y tanta sandez como feroces entrañas... Porque ¡Dios mío y Dios de ellos!, aunque esos desgraciados estuvieran ciertos de lo que dicen, ¿qué especie de placer de aguafiestas o de aficionados a verdugo encuentran en ir arrancando esperanzas y consuelos a los que aguardan otra vida mejor y en no dejarles para los días de tribulación y angustia más asidero que la pistola del suicida?

Pero volvamos al señor Pidal, omitiendo lo mucho que podríamos decir y las subdivisiones psicológicas que podríamos hacer respecto de los creyentes aleccionados, respetabilísima clase muy extendida, desde hace treinta o cuarenta años, por las naciones latinas de Europa, con el equívoco nombre de neo-católicos.

No es el señor Pidal creyente aleccionado o converso, como Chateaubriand; ni propagandista meramente filántropo o político, como la mayoría de los que militan en partidos medios: es creyente natural o nativo; nació y se crió católico, apostólico, romano; lo es con toda la fogosidad de su alma, y no le inquietan, entristecen ni abaten recuerdos de pasadas dudas. Si en algo se diferencia del cristiano viejo a la antigua española, es en no tener nada de regalista; en ser declaradamente ultramontano. Muéstrase en esto, como en todo, discípulo de Santo Tomás, cuya doctrina política, asaz, ecléctica en cuanto a las formas de gobierno, venía a ser en sustancia que más vale servir a Dios que a los hombres. En resumen: el señor Pidal no es, ni ha sido, ni creo que habrá de ser nunca, otra cosa que católico: su religiosidad raya en absoluta, y, para calificarlo exactamente, habría que llamarle teocrático, esto es, partidario del gobierno de Dios. De aquí la irresistible unción de su palabra cuando defiende (y es su tarea constante) dogmas, tradiciones, actos, derechos o intereses de la Iglesia romana; de aquí su autoridad en tales controversias; de aquí la inspirada elocuencia de su estilo; de aquí la fuerza de sus conmovedoras expresiones; de aquí el arrebatado discurso que acabáis de oír, y de aquí también lo muy útiles que sus conocimientos en ciencias teológicas y literatura mística serán a esta Real Academia, a cuyas juntas no asiste ahora ningún eclesiástico... Fuera de lo cual, el nuevo cofrade, versado igualmente, por mera erudición, en el tecnicismo de las modernas e innumerables escuelas filosóficas, podrá, en caso necesario, discutir, dentro del correspondiente dialecto de secta, el genuino y propio sentido de tal o cual voz, ya generalizada en las aulas de ahora, que nos traigan y recomienden adalides de la izquierda científica, a, quienes, dicho sea de paso, ya hemos demostrado, en votaciones recientes, que la Academia no tiene cerradas sus puertas para nadie que sepa (y es mucho saber) Analogía, Sintaxis, Prosodia y Ortografía, sin curarse de las ideas que allá profese cada cual en materias o asignaturas de Segunda o de Superior Enseñanza...

Sentiré que la molestia que os ocasiono esté ya para llegar al maximum, pues todavía tengo que deciros, en cumplimiento de mi obligación, las anunciadas cuatro palabras acerca del acontecimiento del día, o sea respecto del discurso del señor Pidal... Otorgadme, pues, una prórroga de paciencia.

Naturalísimo y apropiado a las circunstancias del caso era que el discurso de entrada del tribuno católico en este taller de las palabras versase sobre la Elocuencia, y especialmente sobre la oratoria sagrada, y que, entre todos los campeones del púlpito, se fijase en aquél que fue a un mismo tiempo dechado de predicadores y modelo de escritores o hablistas; en aquél que, por la pureza y gallardía con que manejó el patrio idioma, está siendo para la Academia, desde la fecha de su primer Diccionario hasta hoy que prepara la duodécima edición, una de las más respetadas autoridades.

De grandiosa, como expresé al principio, debe calificarse la obra con que el nuevo individuo de esta Corporación ha desempeñado su tarea, justificando plenísimamente nuestros votos. Pocas veces han resonado aquí frases tan expresivas, imágenes tan bellas, períodos tan abundantes y sonoros, razonamientos tan elevados y bien sostenidos como los que han brotado de labios del señor Pidal, ora describiese la Elocuencia, mucho más con su ejemplo que con abstractas definiciones; ora superase y acallara todas las voces de la naturaleza al enunciarlas en asombrosa poética pintura; ya dijese las excelencias de la palabra humana, «cetro extendido sobre todas las criaturas del universo», ya contase los triunfos y blasones de la oratoria... Por cierto que en esta parte de su discurso, hablando del concepto de la belleza, ha citado opiniones autorizadísimas que no son para olvidadas, hoy que tanto daño se está haciendo a las costumbres y a la literatura por los que pretenden que pueden ser bellas (y hasta recomiendan como las mejores y más artísticas) aquellas obras que no tengan ningún carácter docente ni moral. Nos ha recordado, por ejemplo, que la belleza, para Platón, era «el esplendor de lo verdadero»; que, para San Agustín, la hermosura era «el esplendor del orden»; que, según San Buenaventura y Santo Tomás, «es condición precisa de la belleza concentrar lo vario en lo uno», y que, en opinión de Kant y Hegel, «la mayor perfección de esta belleza es ostentar lo infinito en lo finito»; y de todo ello, y de palabras magistrales de Cicerón y de Aristóteles, ha deducido el señor Pidal, no solo que la Elocuencia puede definirse como «el arte de manifestar por la palabra la belleza de la verdad, para que la voluntad la quiera como su BIEN», sino que, según los mismos preceptos estéticos, «no puede haber belleza superior a la que irradian las verdades eternas.» Menos, mucho menos que eso, dije yo aquí antes de ser quemado en efigie con mi querido amigo el señor Nocedal, o sea antes de ser sacados en graciosa caricatura, ambos con hábito religioso, sin duda para nuestra mayor ignominia... Habíame reducido yo, al tomar posesión de mi cargo de Académico, a decir, no que lo bueno, solo por ser bueno, pudiera ser bello artísticamente, sino que no podía ser bello artísticamente lo que causase repugnancia y asco a nuestra alma... Agradezco, pues, al señor Pidal, y también a ciertos modernos escritores franceses, la justificación que han hecho de mis opiniones, el uno autorizándolas con su dictamen y con tan importantes citas, y los otros comprobándolas ad absurdum; quiero decir, apestando y sublevando a todas las personas de buen gusto y buenas costumbres con obras realistas o naturalistas en que anda la verdad a la greña con la belleza, o la belleza divorciada de la bondad. ¡Escriban otra media docena de libros estos realistas y naturalistas franceses, y habrán enterrado en su propio fango esa triste escuela que yo apellidaré, no precisamente la mano negra, pero sí la mano sucia literaria!

Encamina, al fin, su discurso el señor Pidal (y es el punto en que yo me atrevo a ponerme a su lado, para acompañarle en terreno tan llano, fértil y florido) a decir los timbres y méritos de fray Luís de Granada, ¡del Fray Luís de mi tierra!... No con osados vuelos a las excelsitudes de la crítica, pues para ello me faltan las alas de águila de mi buen amigo y los ímpetus de su elocuencia, sino moviendo mi pesado cálamo por las asperezas de humilde prosa, diré lo que allí, en aquella encantadora ciudad que vio nacer al llamado «Séneca de nuestras cátedras, Crisóstomo de nuestros púlpitos y Tulio de nuestra oratoria», se sabe, o se recuerda, por tradición, y con entusiasmo y amor perpetuos, acerca de su vida, de su carácter, de sus virtudes, de sus predicaciones...

Recuérdase allí que su verdadero apellido, o más bien el que su padre había tomado del pueblo de Galicia en que nació, era Sarria; recuérdase que en edad muy tierna perdió a este padre, pobre y honrado trabajador, y que su madre, único amparo que le quedó el mundo, fue lavandera del convento de Dominicos; ufánanse los prebendados de la Capilla Real, donde yacen los Católicos Reyes Isabel y Fernando, refiriendo que estuvo en ella de acólito; desígnase aún, en la plazuela del Realejo, el lugar en que el egregio conde de Tendilla, primer Capitán General de Granada, a cuya conquista tanto había contribuido, lo halló batallando con otros rapazuelos, y prendose de él y lo tomó a su servicio, al oír las discretas razones con que los disculpó a todos; se cuenta cómo bajaba luego todos los días de la Alhambra a la ciudad, acompañando a los hijos del conde y llevándoles los libros, y cómo por el camino aprovechaba la ocasión de ir leyendo, y cómo, desde la puerta de la clase, también aprovechaba después las lecciones que daban a sus amos; refiérese de qué manera obtuvo, así que lo admitieron al noviciado en el convento de Santo Domingo, no ciertamente limosna para su pobre, mas venerada madre, sino el necesario permiso para compartir con ella su propia y tasada ración conventual; descríbese, en fin, todavía, por devotas mujeres, con tan vivas y pintorescas frases como si hubieran presenciado el hecho, aquella sublime escena en que fray Luis, hallándose en el púlpito, vio entrar en el templo a la ya muy anciana y siempre humilde lavandera, e interrumpió el sermón, y mirándola con inmensa ternura, suplicó al apretado concurso que le abriese paso, añadiendo en una especie de respetuoso éxtasis:«¡Es mi madre!»

De lo que el insigne Dominico era en el púlpito, nos queda la siguiente admirable pintura, debida al mejor de sus historiadores: «Acomodábase (dice) a todos los géneros, enseñando lo que era docto y fácil igualmente. Increpando el pecado y el vicio, echaba llamas de la cara, y mostraba horror que desmayaba y asombraba a los pecadores. Hablando de los misterios y de los beneficios que nos ha hecho Dios, con vivos y naturalísimos colores los ponía presentes. Razonando del cielo y de los Santos, arrebataba los corazones y consigo los levantaba en alto. Tratándose de nuestra miseria, veíase quedar en nada... Exhortando a la conversión, salían las palabras todas amorosas, abrasadas y penetrantes, con que se movían los más duros corazones.»

Respecto del verdadero carácter religioso de fray Luís de Granada, el amor preferente del señor Pidal a Santo Tomás de Aquino le ha llevado, no a confundir, pero sí a querer hallar parentesco de escuela entre ambos héroes de la Cristiandad. No le ha sido esto difícil, como tampoco le hubiera costado mucho trabajo emparentarlo con Santos de cualquier otro orden; porque lo cierto es que el maravilloso autor de la Guía de Pecadores cultivó todos los campos de la piedad, sin perder por ello su significación predominante.

Cinco son los órdenes en que, a mi juicio, podrían dividirse los grandes maestros y actores de la doctrina y devoción cristianas: los filósofos, que deslindan, organizan y aclaran con científicas especulaciones la esfera racional de la Religión del Crucificado, sobreponiéndola a toda otra filosofía; los contemplativos, que, dentro de estos límites y definiciones, discurren acerca de los atributos, procesos, gozos y ventajas del divino amor, también desde alturas especulativas; los penitentes, que, penetrados de este amor supremo, y desprendidos de todo afecto mundano, se dedican en desiertos parajes a la salvación de su propia alma, encerrados en una especie de impasibilidad estoica, para la cual no hay más dolor que el de ver crucificado a Jesús y el de considerarse indignos del precioso don de su sangre; los predicadores, que, en vez de consagrarse exclusivamente a procurar su salvación propia y a rezar en el desierto por la del prójimo, viven en el mundo, en el siglo, hasta en las mismas cortes de los Reyes, recordando a todos la doctrina de Cristo, dirigiendo las conciencias, apellidando siempre paz, y calmando las pasiones de individuos y familias, y aun de pueblos enteros..., dado que no prefieran ir a morir en remotos climas, propagando la luz evangélica por regiones sumidas en las tinieblas del error y la ignorancia; y, finalmente, los caritativos, que, enseñados y edificados por las definiciones de los filósofos, por los encomios de los contemplativos, por el denuedo de los penitentes y por las arengas de los predicadores, ponen personalmente en práctica, por medio de obras de caridad y misericordia, la dulcísima y salvadora moral de Jesús, predicando, digámoslo así, con el ejemplo, y realizando las virtudes recomendadas por todos los Santos y Doctores.

Pues bien: sin dejar de ser cierto y positivo que fray Luís de Granada se eleva muchas veces a las esferas filosóficas de la ciencia cristiana, no solo como Santo Tomás, sino como los aguerridos polemistas San Agustín, San Buenaventura y fray Luís de León, también lo es que llega otras veces, en la metafísica pura del amor divino, a emular los vuelos, transportes y arrobos de los célebres místicos españoles Santa Teresa de Jesús, San Juan de la Cruz y Malón de Chaide; que, en algunos períodos de su vida, muéstrase tan penitente como San Pedro Alcántara, según lo prueban sus austeridades en las Ermitas de Córdoba y en el monasterio portugués de Pedrogaón, sus constantes flagelaciones y ayunos y la perseverancia con que se negó a admitir la mitra y el capelo; que iguala como predicador a su propio patriarca Santo Domingo de Guzmán, y que merece, en fin, el dictado de caritativo, no solo por innumerables actos personales de amor al prójimo, sino por sus vehementísimos tratados y sermones acerca de la misericordia y la limosna, los cuales contribuyeron en igual medida que los de su venerado compañero Juan de Ávila a la edificación y sublime heroísmo de aquel Hércules de la caridad, San Juan de Dios, cuyos trabajos en bien de los pobres constituyen la segunda epopeya granadina.

Pero, lo repito, ante todo y sobre todo, ya sea que hable, ya que escriba, el autor de El Símbolo de la Fe es, principalísimamente, discípulo de Santo Domingo de Guzmán, soldado de su valeroso ejército, predicador, misionero, cruzado activo, religioso práctico y fecundo que (según expresó uno de sus biógrafos y hoy ha repetido el señor Pidal), «no solo fue Santo, sino que hizo muchos Santos», de donde con justicia proclamó otro granadino ilustre, «que así como Santo Tomás de Aquino vino al mundo para alumbrar los entendimientos, fray Luís de Granada vino a encender las voluntades.» Y de aquí también el que el gran Papa Gregorio XIII le escribiese aquellas hermosas palabras, esculpidas luego en el sepulcro del pobre dominico: Más milagros has hecho con tus escritos y sermones, que si hubieras dado vista a ciegos y vida a muertos.

Como documento justificativo de cuanto el señor Pidal y yo hemos enunciado esta tarde, y para dar de paso término a la sesión con una breve muestra del lenguaje castizo, bien ordenado, claro y enérgico del gran hablista, séame lícito haceros oír una vez más, pues siempre os parecerán igualmente bellas, algunas de las inmortales máximas que escribió este eficacísimo maestro de proezas como las de San Juan de Dios y don Miguel de Mañara, acerca de los pobres, de la caridad, de la limosna.

Pero antes... (todo ello durará tres minutos), permitidme un arranque de patriotismo. No sé dónde ni cuándo (pues yo tengo muy mala memoria), dijo no sé quién (indudablemente algún enemigo de nuestra patria), que el pecado opuesto a la caridad (quiero decir, la envidia) era el mayor y más extendido vicio de los españoles... ¡Yo lo niego! Seremos díscolos, seremos soberbios, seremos irrespetuosos, seremos ingratos...; habremos podido decir siempre, aun tratándose de insignes patricios:«¡Del rey abajo, ninguno!»; habrá podido decirse de nosotros: «¡Ésta es Castilla, que hace los hombres y los gasta!»; habremos degollado a don Álvaro de Luna y a don Rodrigo Calderón, desterrado a Somodevilla, y encarcelado a Floridablanca; ¡pero no somos envidiosos! Éste es achaque de pueblos o de personas cobardes o impotentes, ¡no de corazones varoniles y altivos, desdeñosos y pródigos hasta de su propia sangre! Antes bien, y por desventura en ocasiones, lo que acontece en esta empecatada tierra de hidalgos perezosos y de labriegos por nadie conquistados, es precisamente que no envidiamos nada; quiero decir, que nada, ni aun lo bueno, nos parece digno de envidia; que tenemos por lema el esquivo nihil admirari, como nuestros deudos los moros de enfrente; que nos encogemos de hombros ante los adelantos de otras naciones; que a nadie reverenciamos en la nuestra; que nos creemos todos iguales, sin serlo, o que tal vez lo somos en este mismo exceso de arrogancia..., y que, unas veces con heroísmo y otras con lamentable imprudencia, contestamos a todo: «¡No importa!» Así se explica que desacatemos tan injustamente a nuestros grandes hombres (mientras viven); que sus contemporáneos tratasen con tanta irreverencia a Colón, y que Cervantes muriese en el olvido. ¡Envidiosos los españoles!... ¡Ah, no! Tenemos demasiada pereza para emular ni disputar glorias que implican trabajo: tenemos demasiado aborrecimiento a la paz para creer en otros laureles que en los de la guerra; carecemos, en fin, del órgano de la veneración al prójimo, por lo que a nuestros mismos reyes hemos solido decirles: Nosotros, que cada uno somos tanto como vos y todos juntos valemos más que vos..., etc., etc., etc. Así es, que no creo que fuese de ningún español de quien se dijo aquello de que, «si iba a un bautizo, quería ser el niño; si iba a una boda, quería ser el novio, y si iba a un entierro, quería ser el muerto.»

Conque dejemos hablar a fray Luís de Granada, por si verdaderamente necesitamos curarnos de la envidia, o tristeza del bien ajeno, o por si nos amenaza alguna otra erupción del egoísmo.

«Ayunáis, mas no de pleitos y contiendas... (dice con Isaías): «No es, pues, ése el ayuno que me agrada, sino éste: rompe las escrituras y contratos usurarios; quita de encima de los pobres las cargas que los tienen opresos...» En otro lugar añade: «Si la virtud de la limosna se mirare con atención, bastará para andar los hombres buscando y sacando los pobres de bajo la tierra, para usar con ellos de misericordia...» Comparando la caridad con la misericordia, recuerda luego el dicho de otro doctor, de que «la caridad es río de bondad, que no sale de madre, sino que corre dentro de sus riberas; mientras que la misericordia es río que sale de madre y se extiende por toda la tierra», y exclama valerosamente: «Demás de esto, la caridad no hace más que comunicar sus bienes a los otros, mas la misericordia... toma también sobre sí sus males.» «Acuérdate, hombre (había dicho ya San Agustín), no solo de lo que das, sino también de lo que recibes...; pues si no hubiese quien recibiera de ti la limosna, no darías tierra y comprarías cielo...»; y, haciéndose eco de estas animosas palabras, fray Luís llama a los pobres «banqueros de nuestra hacienda», y dice al rico: «Aquello solamente es tuyo que diste por tu ánima, y todo lo que aquí dejaste, quizás, perdiste... Dios viene a esconderse en el pobre... Éste es el que extiende la mano, mas Dios el que recibe. y el que ha de dar el galardón.»

¡Qué ideas! ¡Qué frases! ¡Qué elocuencia, señores Académicos! ¡Hasta qué punto es aquí todo grande, como verdad, como bondad y como belleza! ¡Comparad esta literatura con la que hoy pretende servir de recreo y satisfacción al género humano! «¡Qué noble empleo del alma y de la facultad de hablar y escribir con más elocuencia que los demás hombres!», me he dicho varias veces estos días al volver a leer, ya desde las alturas de la edad, ésas y otras páginas de nuestros escritores ascéticos. Y ¡qué negocio (añado ahora) sería para el mundo, aun en el estado de guerra social en que ya se halla, si de pronto todas las prensas del universo se dedicasen exclusivamente a fomentar en los pobres el amor a Dios y en los ricos el amor al prójimo, y estos ricos cifraran su felicidad y su orgullo en que los pobres... no sean tan pobres que a nuestro lado se mueran de hambre!... Volvería entonces la paz sobre la tierra... ¡Porque todavía, todavía la caridad y la misericordia, recomendadas por Jesús, la mansedumbre de los unos y la abnegación de los otros, fueran eficacísimo remedio de tantos males como hoy nos apenan o asustan, así del dolor y cólera de los desvalidos, como de la ruina que amenaza a la sociedad!

¡Bien hayan, pues, los que viven dedicados a estas sagradas predicaciones, prefiriéndolas a las de una devastadora filosofía! ¡Bien hayan los que humanizan y acercan a la realidad de los tiempos venerandas instituciones, ricas de consuelos y esperanzas! ¡Y bien haya el señor Pidal, que tan meritorias campañas hace pidiendo espiritualismo al individuo y espiritualismo al Estado! Dijérase que, así él como el otro noble heredero de los talentos y virtudes de su egregio padre, tiene siempre a la vista las últimas palabras que éste escribió, con temblorosa mano, por vía de testamento político: «Uno de los caracteres de la época actual es la falta de creencias generales... El examen individual nunca llega a tener el número suficiente de secuaces para convertir en hechos su sistema: las creencias, en cambio, reúnen en torno suyo la infinidad de sus adeptos, la energía de sus voluntades... Todas las grandes empresas de los españoles que hoy, sus degenerados nietos, apenas comprendemos, se deben a las creencias que entonces hacían convergentes los esfuerzos y compacta la acción social. Véase, si no, cómo en los partidos extremos, en que hay todavía algunas creencias generales, se hacen grandes cosas con pequeñísimos medios, al paso que en el partido pensador, con grandes medios, no se produce nada que no sea mezquino...» Dicho esto, que parece una confesión *in artículo mortis*, donde el noble anciano se acusa del pecado político de contemporización o ineficacia voluntaria, en que aún permanecemos muchos torpemente, concluye con estas formidables expresiones: «Nada hay ya estable, ni los principios de la Religión, ni los de la política, ni los de la moral: ¡triste situación, que hace casi precisa la continua intervención de la fuerza material, precisamente cuando han ido más lejos los adelantos morales e intelectuales del género humano.»

Pero, al llegar aquí, la conciencia me tira del hábito, y me dice: «Señor... ¡la hora!» Pues he concluido; con tanta mayor razón, cuanto que ya no me quedaban más perlas ajenas con que seguir engalanando éste que no llamaré discurso.

Fanny. Novela de M. Erneste Feydeau

Un artículo crítico de periódico diario, pensado por la mañana y escrito al mediodía, publicado a la tarde; leído o no leído durante la soirée, convertido a media noche en papillotes, y arrojado a la calle a la mañana siguiente, no puede, ni pretende ser más que una noticia somera, una nota marginal, una sentencia sin vistos ni considerandos, una indicación, en fin, hecha a los lectores de que hay tal o cual obra nueva, digna de ser conocida y estudiada, o un aviso a los padres de familia de que anda por el mundo algún nuevo enemigo de la moral o de la literatura, cuyo trato sería peligroso a la inocencia o al buen gusto de sus hijos.

Sin aquellas excusas en nuestro favor, y sin estas consideraciones a que atender, no nos atreveríamos a escribir hoy, tan ligeramente como nos será forzoso hacerlo, una crítica de la novela que citamos al principio de este artículo, sobre todo después de las brillantes páginas que le han dedicado las mejores revistas literarias de Europa. Pero el tiempo urge: la nueva epidemia titulada Fanny, empieza a saltar el Pirineo: la cuarta edición francesa circula ya por Madrid, y hasta háblase de traducirla al español... A su vuelta de Francia de pasar el verano aprendiendo aquellas costumbres, todas nuestras compatriotas han traído este libro, dichoso si los hay, con más algo que se cuenta de la vida de su autor, y, por supuesto, noticias de las grandes polémicas que ha ocasionado entre aquellos periódicos y los alemanes.

Entremos, pues, en materia.

FANNY es una novela íntima del género realista. Así la ha llamado Eugenio Montegu en la Revista de Ambos Mundos. Pero lo que no se le ha ocurrido decir a este crítico eminente, es que la frase novela íntima del género realista envuelve ya una censura. Semejantes novelas no son novelas: son historias particulares que antiguamente se contaban al confesor; que después fue moda referir sotto voce a los amigos, y que hoy se pregonan desvergonzadamente en los sitios públicos; lo cual da completa idea del estado actual de las costumbres parisienses. Zorrilla, hablando de Pentápolis, dice:

Con estos jeroglíficos impuros
se adornaron los pórticos, las fuentes,
las calles y las plazas, y los muros,
y no quedaron ojos inocentes,
ni oídos castos, ni recuerdos puros
ni rubor en los rostros impudentes,
ni encerró nada más aquel recinto

que infamia imbécil y brutal instinto.

Una cosa muy parecida acontece con este nuevo género de novelas...

Para nada entra en ellas lo ideal. Walter Scott, el novelista por excelencia, habla constantemente a la imaginación de sus lectores, los trasporta fuera de su tiempo, les revela la historia, les hace asistir a poéticos, maravillosos y excepcionales dramas. Lo lírico, lo épico, lo sublime, es entonces una consolación y un recreo para la pobre alma asfixiada en la estrecha atmósfera moral de nuestro siglo. Lo mismo digo de Manzoni, en su inmortal novela. Balzac, a quien no hay que confundir con sus desventurados imitadores, si bien encarna en la realidad de la vida humana, es como anatómico, como fisiólogo, como psicólogo, como naturalista, desentrañando misterios comunes a toda la humanidad, esclareciendo el tenebroso abismo del corazón humano hasta sorprender las pasiones en su cuna, descubriendo los más ocultos cánceres de la actual civilización, observador y crítico a un tiempo, sacando siempre consecuencias en pro de tal o cuál especulación filosófica; es decir, que Balzac, si no recrea la imaginación, da pábulo al pensamiento, aumenta el caudal de nuestras ideas, nos enseña la ciencia del mundo... (fatal o no fatal... ésta no es la cuestión...: el caso es que nos la enseña). Golmichs, Bernardino de Saint-Pierre, Chateaubriand y demás escritores optimistas, arrancan dulces lágrimas del corazón, presentan amable la áspera virtud, refrescan las dulces memorias de la infancia, y nos hacen ver que todo hombre se basta a sí propio para ser feliz... ¡Todo esto, con una fábula sencilla, tierna, inverosímil, si queréis, pero interesante, poética, acomodada a la índole de nuestra imaginación inquieta y soñadora!

Mas en el nuevo género; en la historia de todos, contada por todos; en el gran escándalo que hoy da la vecina Francia, ¿qué encuentra el corazón, qué la imaginación, qué el entendimiento, qué la moral, que la filosofía, qué la sociedad, qué la familia, qué el legislador, qué el alma enamorada de lo infinito?

¡No, no son novelas! No son literatura; no pertenecen al público; no interesan a la generalidad; no influyen en nada; no enseñan, no divierten, no edifican, no consuelan, no son útiles ni agradables al género humano.

Fanny, por ejemplo, es el boletín particular de lo que un determinado hombre experimentó al lado de una determinada mujer; de la impresión que le causaba la vista del marido de ésta; de lo que pensaba antes y después y al mismo tiempo...: de las horas, de los sitios, de las actitudes, de los trajes, de los muebles, de las palabras y de las caricias que figuraron en un adulterio vulgar, de ésos que no pasan a la historia, porque ni influyen en el destino de las naciones, ni acabaron en tragedia, ni se verificaron entre semidioses, ni tienen, en fin (y esto es lo más triste), nada de raro ni de poco común.

Como tales cosas les han sucedido a casi todos los seglares (con diferencia de horas, de sitios, de actitudes, de trajes, de muebles, de palabras y de caricias...; pero no con diferencias muy radicales, pues en esas miserias poco hay que inventar), resulta que lee uno el libro con cierto interés, pues se trata de sus propias aventuras, y quiere saber si están bien o mal escritas, mas no bien llega un prójimo y os dice:«Esas aventuras son también las mías, y las de fulano, y las de mengano...», os da vergüenza de pareceros a todo bicho viviente, y acabáis por reconocer la insignificancia de la obra y de vuestras impresiones de calavera.

La ropa sucia se lava en casa (dijo Napo león), y bien puede repetirse esta frase a propósito de Fanny. Tan cierto es que el público rechaza semejantes revelaciones, que ni una palabra, ni un accidente, ni un pensamiento de los que constituyen esta obra le parecería digno de atención, si los oyese en el teatro. Las miserias domésticas, las debilidades personales, los achaques hominis lapsi, son para sufridos y callados individualmente. La colectividad, la sociedad, la humanidad en masa, no quiere avergonzarse de ellos. ¡Todos juntos significamos algo más grande que el amante de Fanny! Sus petites affaires no nos importan, no nos conmueven, no nos interesan, no pertenecen al dominio público! ¡Lo contrario sería horrible!

Y cuenta que el libro está escrito con viveza, con gracia, con elocuencia, bien trazado, bien compuesto, y exuberante de esa misma verdad que constituye su insignificancia. ¡C'est ça! ¡Así pasan esas ruindades! Solo se nos ocurre una observación; y es, que si M. Ferdeau tuviera hijas, se vería en la triste necesidad de ocultarles su oficio de escritor público, como ocultan el suyo a sus hijos las mujeres que trafican con el pudor.

Por lo demás, si Fanny es una autobiografía, como se dice; si M. Feydeau, lejos de exhibir a la compasión o a la rechifla del público la deplorable situación de su Roger, se ha propuesto dar una idea del temple de su propia alma y de la extensión de sus desventuras; (lo diremos más claro) si M. Feydeau fue el verdadero amante de Fanny, y es su historia la que nos ha contado en este primoroso volumen, ¡vive Dios que nuestro pobre vecino nos ha regalado una vista bien triste de su carácter y de su inteligencia!

Hasta aquí, muchos escritores, aun a riesgo de tocar en la inverosimilitud, se habían esforzado por presentar grandes y generosos a todos los personajes de sus obras. Monsieur Feydeau ha pecado por la inversa, ofreciendo a nuestros ojos tres caracteres mezquinos y miserables en los tres únicos actores de su novela. ¡Qué amante, qué mujer y qué marido!

Prescindamos de estos últimos, dignos el uno del otro, egoístas y criminales ambos, cobardes y viciosos hasta inspirar repugnancia, que no miedo, y fijémonos por un instante en Roger, en el protagonista, en el héroe, en la víctima augusta de las pasiones!

Roger —o M. Feydeau, según malas lenguas—, es un desgraciado mortal, muy apegado a las cosas de la tierra, que limita todas sus aspiraciones, que emplea todas las fuerzas de su alma, que reduce toda su vida y toda su ambición a la gran dicha, a la suma gloria, a la colosal empresa de poseer a la mujer de un negociante. ¡Su día, su noche, su mañana, su tarde los consagra a arreglar el cuartito en que ha de recibirla, en preparar su toilette o pensar en la de la señora... del negociante y de sus pensamientos, en buscar poses nuevas, en hacerle preguntas sumamente peregrinas y en sacar comentarios de sus respuestas!...

¡Qué hombre tan útil a su patria, a la humanidad y a Dios! ¡Qué inteligencia tan bien empleada! ¡Qué corazón tan noble y tan generoso, que no echa nada de menos, cuando solo se alimenta de un poco de lodo robado semanalmente a su vecino! ¡Gloria a estos incrédulos que renegaron de la fe en la otra vida, y cifraron toda su esperanza en las supremas beatitudes que ofrece el globo terráqueo! ¡Loor a estos idólatras de la mujer, que reciben de sus ojos la vida o la muerte, que buscan el infinito entre las ballenas de un corsé, y que juegan el alma y el cuerpo, las ilusiones y la conciencia, la cuestión del bien y del mal, al temeroso albur de la fidelidad de una adúltera!

¡Partage! ¡Medianería! ¡Lo comprendemos bien! ¡Será un dolor muy grande! ¡Será un dolor horrible! Pero vos tenéis la culpa, señor mío. ¡Dierais menos importancia a Venus, y no os extrañaría encontrarla en los brazos de Vulcano! ¡Por algo los casaron los mitólogos!

¡Ah! ¡Lloráis allá abajo (locución francesa), en vuestra poética cabaña, herido de muerte, pechista quizás (traducción literal de poitrinière), Sansón tonso, Ícaro caído, Prometeo derribado, zozobrando entre la cogulla y la pistola, escribiendo vuestro Memorial de Santa Elena, después del Waterloo que presenciasteis entre persianas! ¡Os encontráis blasé, traviato, como el tenor de la Favorita, como el héroe de Les filles de marbre!... ¡queréis inspirarnos compasión! ¡pretendéis enseñarnos algo! ¡os creéis la víctima propiciatoria, cuya sangre ha de borrar de los diccionarios la palabra adulterio!...

¡Lamentable error, pobre joven! Vuestros dolores no dan compasión; dan lástima... (que no es lo mismo)... Vuestro desengaño arguye pequeñez de espíritu. Vuestro libro prueba que la literatura no progresa al par de una civilización que quiere remediar males morales con mejoras materiales. Vuestro público, en fin, nos afirma en nuestras rancias ideas de que la sociedad latina murió hace setenta años; de que el cadáver se encuentra ya en plena putrefacción, y de que su fetidez va llegando a nuestras narices.

Madrid, 1858. Es decir, hace veinticinco años; por manera que mi opinión acerca del naturalismo es antigua.

Edgar Poe

I. Carta a un amigo

Mi querido Pedro:

Hace cosa de un año que circulan por Madrid diez o doce ejemplares de una obra titulada Histoires extraordinaires, traducción francesa de la que escribió con el mismo título el angloamericano Edgar Allan Poe. Esos diez o doce ejemplares habrán pasado a estas horas por más de doscientas manos: tal es el espíritu de asociación y de economía que reina entre los lectores españoles, y tal, al mismo tiempo, el entusiasmo que han producido en los doce primitivos propietarios las Historias extraordinarias en cuestión. Edgar Poe ha sido, por consiguiente, el autor de moda en el pasado invierno. Lo que en 1847 sucedía con Martín el expósito y en 1853 con Verdades amargas, eso ha pasado en 1858 con el poeta del nuevo mundo. Damas y caballeros se decían: «¿Por dónde va usted? ¿Ha llegado usted al Escarabajo de oro? Mándeme usted el tomo primero cuando lo concluya...» Y los doce ejemplares rodaban por las mesitas de noche de apetecidas hermosuras y de aristocráticos personajes, y la inexorable beldad leía un volumen, mientras el rendido adorador terminaba el otro, y éste buscaba en una página la huella de las uñas de aquella, y aquélla notaba el olor a tabaco que había comunicado éste a la encuadernación, y un literato encontraba la nota que otro había puesto con lápiz al margen de tal o cual episodio, y todos, en fin, se daban citas mentales y tenían conversaciones imaginarias sobre el capítulo A o B, al modo de peregrinos que van escribiendo su nombre sobre la pagoda de Jagrenat.

Los que no leen el francés se desesperaban de no poder tomar cartas en el asunto, y, como éstos son muchos todavía, ocurriósele a un editor de Barcelona publicar en castellano las Historias extraordinarias de Edgardo Poe, idea que al poco tiempo halló eco en otro editor de Madrid. Dentro de pocos días, por consiguiente, va a apoderarse nuestro público de una obra que hasta aquí fue patrimonio exclusivo de unos cuantos iniciados. Ninguna ocasión mejor, mi querido Pedro, para que yo te ponga al corriente de lo que significan ese libro y ese autor, a fin de que sepas lo que te compras o a lo que te suscribes, si por acaso te ocurre gastar dinero en proporcionártelos, aunque lo mejor será que busques quien te los preste y comunique, a uso y estilo de buenos peninsulares.

II

Edgar Poe es el lord Byron de la América del Norte, ya que no por la índole de sus obras, por los rasgos principales de su vida. Mucho me sorprende que ninguno de sus biógrafos haya reparado en los muchos puntos de identidad que existen en los caracteres del inglés del nuevo mundo y el inglés del mundo viejo.

Huérfanos los dos (pues para mí la madre de Byron no mereció nunca este santo nombre); hermosos, altivos e inquietos desde la niñez, introducen la perturbación en los colegios y universidades que frecuentan, haciéndose notar por su amor a los ejercicios gimnásticos, a la bella literatura, a la soledad y al desorden. El uno desde Londres, y el otro desde Baltimore, visitan la Escocia en sus primeros años. Ambos recorren el Oriente en su juventud, atraviesan toda la Turquía y fijan sus ojos en Grecia. Si Byron muere enfrente de Misolonghi, defendiendo la independencia de los helenos, Poe arriba a Atenas reclamando un puesto entre los suliotas para combatir a los turcos. Acércanlos aún más sus alardes (muy justos por cierto) de grandes nadadores: el autor de Manfredo atraviesa el Helesponto a nado como Leandro: el autor de Eureka triunfa de todos en una regata en el lago Ohío. La intemperancia con las mujeres desacredita al europeo; la intemperancia con los licores espirituosos mancha la reputación del americano. Escépticos los dos, soñadores, nómades, aventureros, mal avenidos con las leyes y costumbres de su patria respectiva, se hacen blanco de las iras de sus compatriotas, excitan su odio y su persecución, y tienen que huir más de una vez a remotos climas en busca de un amigo que les tienda la mano, de un palmo de tierra que los soporte, de un público que no les sea enemigo. Vemos oscilar a ambos entre la opulencia y la ruina, ser el mejor adorno de los salones, y huir a cada instante de los alguaciles; arreglar su vida monacalmente, y caer a los ocho días en mayores excesos y agitaciones; enamorar al público con sus escritos, y espantarlo con sus escándalos; ser acuchillados por la crítica, y palmoteados por las masas; y, por último, vemos que el bardo inglés muere a los treinta y seis años, y el poeta americano a los treinta y siete, siendo para los dos la muerte una rehabilitación, un triunfo, una apoteosis. El duelo nacional ahogó allí como aquí la voz de la crítica, y en la fúnebre oscuridad de su apagada existencia destacáronse luminosas e imperecederas sus inspiradas e inimitables obras.

Tales fueron estas dos vidas de gloria y tempestad, en que el individuo, para luchar con sus contemporáneos, echó mano de sus vicios y de sus virtudes, de su ruindad de hombre y de su grandeza de genio, de todo lo que constituía su triste y complicada naturaleza; lucha desigual y terrible, en que la colectividad, contribuyendo a óbolo de virtud por cabeza, resulta siempre más honrada que el rebelde, y el rebelde —el Byron o el Poe—, a otras regiones donde no rigen los códigos humanos, resulta más glorioso que la colectividad.

Pero, reduciéndome a Edgar Poe, y para completar el cuadro de su vida, te diré que nació en Baltimore en 1813, de una noble y riquísima familia, lo que no evitó que sus padres, a fuerza de ser alegres y derrochadores, tuviesen que agregarse con el tiempo a una compañía de cómicos de la legua. A poco de nacer Edgar, quedó huérfano; pero tal era su hermosura, que mister Allan, rico negociante de aquella ciudad, lo recogió y adoptó; por lo cual el poeta se llamó en adelante Edgar Allan Poe. Se casó, y fue un modelo de esposo; perdió a su mujer al poco tiempo, y aquí termina la historia de sus amores. Para que todo sea original en este carácter —originalidad que ya te describiré al tratar de sus obras—, tenemos que vivió toda su vida con su suegra, quien lo amaba como a un hijo, y a la que él quería y respetaba fanáticamente. De sus viajes ya te he hablado. Desde San Petersburgo hasta el cabo de Hornos, de Jerusalén a los Esquimales, recorrió todas las zonas, pudiendo decirse que la tierra entera fue su patria.

Por lo demás, tan pronto lo hallamos en la escuela militar de West-Point, como de redactor de una Revista en Richmond: engánchase un día de simple soldado, y al poco tiempo reaparece publicando un tomo de poesías: ya es la admiración y el ídolo de la mejor sociedad de Filadelfia y de Nueva York por sus distinguidas maneras, por su elegancia y su singularísima hermosura, proverbial en toda América, ya se le encuentra en tabernas inmundas bebiendo ron y aguardiente hasta alcoholizarse, según su tremenda expresión. Esta excitación, la índole de su inteligencia, la extensión fabulosa de sus estudios y la propensión de su espíritu a lo extraordinario y fenomenal, produjeron en él una enfermedad horrible, el delirium tremens, que al cabo lo mató la noche del 7 de octubre de 1849, en una taberna de Baltimore.

Prescindiendo ahora del hombre, paso a hablarte de sus Historias extraordinarias, asunto principal de la presente epístola.

III

El autor de la maravillosa novela Aventuras de sir Arthur Gordon Pym (otro libro suyo que debes estudiar) es una especie de cismático literario, que se ha formado una estética toda suya y busca lo bello por diferente camino que los demás escritores antiguos y modernos.

Creo que debe clasificársele entre los poetas fantásticos, dado que coloca sus creaciones lejos del mundo real y propende a exaltar y turbar la mente de sus lectores; pero hay que advertir que su fantasía busca lo imposible y lo sobrenatural fuera de las regiones ya visitadas por la fe de los místicos, por la inventiva de los impostores o por la imaginación de los poetas.

Hasta aquí se habían visto (prescindiendo de los cultivadores de la fábula griega, de los autores de Vidas de Santos y de los orientalistas por naturaleza o por afición) otros poetas fantásticos que, para conmover y asombra a sus lectores, invadían los verdaderos reinos de la Muerte, o el campo tenebroso de las imaginaciones enfermizas, poblado de cadáveres y aparecidos, de almas en pena y espectros ensangrentados. Es hija esta poesía de la Edad Media, de la fe religiosa y de la barbarie, del ascetismo de unos y de la superstición de otros, y forma parte de la mitología católica, entendiéndose por esta frase todo lo puramente imaginativo que las beatas de cien años refirieron a la luz del hogar, en noches de diciembre, al son del viento y de la lluvia, para dormir a los niños... Duendes, brujas, resucitados, gatos negros, tentaciones del demonio, metamorfosis de este revoltoso espíritu y otras invenciones que moralizaban por el miedo, dieron asunto a mil cuentos y consejas que todos hemos oído en nuestra niñez, y que debían de asociarse luego con la mitología antigua y el filosofismo moderno en el admirable poema de los alemanes, en el Fausto.

Ahora bien: Edgar Poe no es nada de esto; ni el corazón ni la imaginación son su teatro; no es fantaseador ni místico; es naturalista, es sabio, es matemático. Quiero decir que su campo de batalla es la inteligencia; que lo que en todo tiempo fue amparo, defensa, arma de la verdad, lo que siempre sirvió para combatir todo linaje de fantasmas; la piedra de toque de la idolatría y del miedo; la luz que redujo a sus formas lógicas y naturales todo afecto loco y devastador, como toda creencia febril y extravagante; la razón, para decirlo de una vez, llamada lugar teológico por los mismos que la proscribían como sacrílega e impotente, fue el apoyo que buscó el poeta angloamericano para probar lo imposible, lo extraordinario, lo extranatural, lo inverosímil.

¡Descomunal empresa! ¡Ser racionalista, y aspirar a fantástico! Poe triunfó, y esta es su gloria. Son, pues, todas sus obras una continuada petitio principii; una hábil aplicación del paralogismo más refinado; un ser y no ser a un mismo tiempo, cuyo absurdo no encuentra la razón; una prueba constante del poder de la inteligencia humana; pero un ataque implícito a esa misma inteligencia, tan fácil de sorprender con lo irrealizable y de persuadir con lo inconcebible!

Partiendo de lo vulgar y admitido; apoyándose por lo regular en las ciencias físicas y matemáticas, que le eran sumamente familiares; tomando de un lado alguna olvidada quimera de astrólogo o de alquimista, y de otro el más irrealizable conato de magnetizador o de mecánico; abultando lo accesorio y pasando ligeramente sobre lo principal, Poe nos hace creer que ha estado en la Luna y en el Polo; que ha volado; que una momia habló cinco mil años después de embalsamada; que puede encontrarse un alfiler en el fondo del Océano; que un hombre lee todos los pensamientos de otro; que puede un náufrago entrar en el Maelstrom y salir de él ileso; que los cadáveres tienen conciencia de sí mismos!... Para esto emplea, con un humor superior al de Heyne, el tecnicismo de todas las ciencias y la charlatanería de todas las utopías; convierte en sustancia todo lo que se ha imaginado e intentado hacer con la pila de Volta; apela a la química, a la medicina, a la zoología, a todos nuestros conocimientos incompletos e inexactos; trueca lo experimental en absoluto, y sazona toda su paradojal argumentación con un lenguaje técnico, con un estilo vivísimo, con una retórica palpitante, persuasiva, flexible, acomodada a todos los asuntos, árida aquí, sombría allá, pintoresca siempre, y admirable por la exactitud con que logra hacer pensar y sentir a los lectores aquello mismo que era el propósito y el deseo del autor.

Esta poesía científica, esta literatura grotesca y arabesca (como él la llamó una vez para significar que sus formas excluían todo parecido con lo humano); este afán de hacer general lo excepcional; aquella luz fosfórica que alumbra todos sus cuadros, pueden definirse, o al menos yo los defino, de esta manera: El secreto de Poe para conmover como conmueve, para persuadir como persuade con sus más inverosímiles cuentos, consiste en una especie de escamoteo de ideas y de palabras que deslumbra y desconcierta al lector. De aquí se deduce que es un portentoso psicólogo, que ve por intuición —y esto se explica por su exaltada existencia— cómo se piensa, cómo se siente, cómo se cree y cómo se duda; cuál es la misteriosa concatenación de las ideas; dónde nace y a dónde va a morir cada sensación, y cómo se verifica el comercio de lo físico y de lo moral, o sea el contacto del espíritu, cuya penetrabilidad infinita aleja toda idea de resistencia, con el cuerpo, cuya inercia no puede turbar la voluntad sola, negados ciertos pretendidos milagros del magnetismo.

Cuando las Historias extraordinarias no fueran un maravilloso alarde de la inteligencia humana, una lectura sumamente interesante, una obra literaria de gran mérito, como método y estilo, y una evaluación exagerada de las conquistas que el hombre ha hecho sobre la naturaleza, todavía no dudara yo en recomendártelas, como un medio de despertar la afición a las ciencias naturales y matemáticas en los espíritus poéticos —enemigos de lo exacto, en fuerza de orgullo, y de lo experimental, a causa de su pereza.

Después de leer a Edgar Poe, puede acontecer que un hombre inútil deje a Virgilio y coja a Bercefius, y abandone a Petrarca por Cuvier, Humbolt o Mesmer.

Si así lo hicieres, Dios te lo premie, y si no, te lo demande. PEDRO, Ontaneda, 1858.

Carta a Emilio Castelar. A propósito de su libro La civilización en los cinco primeros siglos de la Iglesia

Querido Emilio: Llevo dos horas de escribir cuartillas y de romperlas. Créeme: yo no sé juzgar tu libro: te lo confieso con franqueza.

Acostumbrada mi imaginación a estudios ligeros; enervadas mis facultades intelectuales, débiles de suyo, por una pereza de muchos años; abrumado por tanta elocuencia, por tanta poesía como rebosan tus lecciones; vivos en mi memoria aquellos momentos de frenético entusiasmo que pasé oyéndote en el Ateneo, cuando a la magia de tus ideas se unía la de tu palabra arrebatadora, nada se me ocurre que no sea vulgar y pálido; que no discrepe de la grandeza del asunto; que no fuera contra tu obra, porque la redujese a las exiguas proporciones de mis alcances, o que no fuera contra mi crédito literario, porque diese al público el secreto de la postración de mi espíritu y de la escasez de mis conocimientos filosóficos.

No miento, no te adulo, no me excuso por eludir el compromiso contraído. Te digo la verdad, o, por mejor decir, te repito lo que me has oído tantas veces.

Yo, Emilio, no vivo en el mundo que has querido iluminar con tu obra yo no tengo a priori simpatías ni antipatías históricas o historiales: yo no pertenezco a ninguna escuela filosófica ni política: yo no creo ni dejo de creer en esos criterios fatales o providenciales, de penitencia o de progreso indefinido, que a muchos os hacen ver la Historia como un poema con unidad de acción. Yo soy un hombre de lo presente; enemigo de lo pasado por instinto, y medroso de lo futuro por religión y apego a lo poco bueno que me cerca. Yo, en fin, no tengo nada que ver con las ideas que presiden a tu obra: no las amo; no las, odio; no las niego; no las concedo: no me importan. Te admiro cuando eres artista; te envidio cuando poeta; me asombras cuando erudito; no te comprendo cuando filósofo... Hablas un idioma que no poseo: ¡mengua para mí que no lo he aprendido! ¡Consecuencia tristísima del ocio en que se arrastra mi juventud!

No, no puedo juzgar tu libro. Que el mundo marcha; que la humanidad camina por la senda de un perfeccionamiento progresivo; que hoy somos más felices y más grandes que ayer... Nada me atrevo a responderte; solo sé que lo dices con elocuencia, con lógica (dentro de las convenciones a que te atienes), con calor, con abundancia de citas y testimonios..., y que, sin embargo, no me curas de mi mortal tristeza.

Pero noto, Emilio, que también tú —perdona—, estás un poco picado de mi melancólico eclecticismo; solo que en ti es activo y en mí pasivo; en ti fruto de una múltiple afirmación, como en mí de una denegación tan infinita que acaba por negarse a sí propia.

Noto (y al llegar a este punto empiezo a sospechar que esta carta va a suplir por el artículo que te prometí ayer y que hoy no me he atrevido a escribirte, y por la Revista que me piden para el folletín de La Época, pues voy metiéndome insensiblemente en harina, y ya se me ocurren muchas cosas que decir, y cuento lo bastante con la bondad del público para esperar que me dispense la llaneza de un escrito que, juro y perjuro, no pensaba publicar); noto, decía, mi querido Emilio, que tú, más que nada, eres un gran poeta; o por mejor decir, que tú solo eres poeta; poeta de la nueva raza; poeta de pensamiento, no de corazón; poeta objetivo, que dirías tú; poeta épico, en una palabra; pero no al modo de Homero y de los demás grandes cantores de la antigüedad clásica; no poeta sacerdote de los dioses inventados, de las grandezas forjadas en la imaginación, de las religiones, de las fábulas y de los mitos; sino poeta de los hechos, de las ciencias, de las artes, de la naturaleza, de los mundos. Así se explica —y vuelvo a lo de tu eclecticismo positivo, activo, afirmativo, o como quieras llamarle—; así se explica que, creyéndote demócrata, te extasíes ante lo privilegiado; que quemes incienso lo mismo ante los emperadores que ante los tribunos; que admires las grandes conquistas de la razón humana, juzgándola piedra de toque de todo lo conocido y sentido, y cantes al mismo tiempo los Misterios y la Revelación, que te digas sectario de la ciencia moderna, amante de la Revolución, soldado del progreso, hombre del siglo XIX, filósofo a la moda, y luego aparezcas católico, apostólico, romano, adorador del culto externo, de la pompa de las catedrales, de la fe sencilla de los pastores, etc., etc. Así se comprende, en fin, que en unas páginas de tu libro seas materialista, y te expliques el mundo moral y físico por el movimiento de una sustancia cósmica, y en otras hables de cuerpos y de almas, de cielos y de infiernos, de libre albedrío y de Providencia, de predestinación y de penas y castigos. Aquí cantas el mundo pagano; allá el cristiano; en una parte te guía el entusiasmo artístico y levantas sobre toda beldad la belleza de la forma; en otra parte, arrebatado en alas de tu caridad, rindes culto a la belleza moral, a la virtud, al derecho, al sufrimiento, al martirio. Todo lo amas, pues, todo lo admiras; todo lo cantas. ¿Cómo no, si eres poeta? ¿Cómo no, si eres artista?

Artista y poeta eres, que traduces las armonías de toda la creación. Toda hermosura te tendrá siempre de su lado. Aquí ensalzarás el interés dramático de un crimen o de una abominación; allá el contorno épico de un conquistador cruel y sanguinario; un día te electrizará el fragor de una batalla, y alzarás himnos al Dios de los Ejércitos; otro, clamarás por la paz universal y llamarás verdugos a Alejandro y a César.

Leyendo a tus filósofos, compadecerás a los pueblos que toman por lo serio las mil y tantas sectas religiosas que aún hay sobre la Tierra: leyendo el Evangelio, compadecerás a los filósofos y bendecirás a tu madre, que inflamó en tu corazón el amor a la Virgen María...

Tal eres, Emilio; tal es tu obra, y tal soy yo, aunque pasivamente, como te dejo dicho.

Yo, pobre poeta por el corazón, me baño perezosamente en el mar del sentimiento, sin querer tocar a sus orillas, sin saber siquiera dónde se hallan: tú, poeta por el pensamiento, te remontas a las nubes, recorres los espacios y los tiempos, resucitas generaciones, ves lo pasado, sueñas con lo futuro, hablas con los héroes y con los profetas, con los mártires y con los emperadores; los adivinas o los idealizas, y los presentas agrandados por tu imaginación al público absorto que te escucha.

¡Cuánto pudiera decirte al llegar a este punto, si hoy te considerara como orador, querido Emilio! Día vendrá en que mi tosco pincel ensaye la ardua tarea de retratarte en la tribuna, cuando, transfigurado y sublime, suspendes el ánimo del auditorio, te apoderas de su razón y de sus sentidos, mago, magnetizador o poeta iluminado, y lo obligas a pensar, a sentir, a desear lo que tú piensas, lo que tú sientes, lo que tú deseas. Pero hoy hablo con el filósofo, con el escritor, con el hombre, contigo, Emilio... Con el otro, con el orador, con Castelar, no emplearía yo argumentos; no le escribiría cartas; no investigaría la verdad de lo que dijese: aplaudiría y lloraría como todo el mundo, y le daría la razón, aunque negase la luz del día.

Pues bien: al escritor, al pensador, al autor del libro que acabo de leer, ya le he dicho más de lo que me figuraba podría decirle. La pereza me impidió consagrarte un artículo; la pereza me ha hecho escribirte esta carta; la pereza también me ha servido de musa... Oye la última observación de mi pereza.

Dime, Emilio (y perdona que torne a nuestra constante polémica): ¿crees tú con todo tu corazón en ese fatum histórico que persigues en tu libro? ¿Crees en el progreso indefinido? ¿Crees que la civilización conduce a algo?

No me he explicado bien. Te lo diré de otro modo.

¿Crees que la humanidad es hoy más feliz que hace quince siglos? ¿Crees que los derechos individuales y los bienes materiales remunerarán al hombre la felicidad que el progreso le ha robado al ilustrarlo? ¿No adviertes que, a medida que cunde la cultura, la sociedad enferma de muerte? ¿Sientes tú el malestar general? ¿Notas el sello de melancolía que lleva en el rostro nuestra generación? ¿Nada te dice la degradación de la literatura y de las artes? O, valiéndome de otras fórmulas: la civilización, ¿es la felicidad? ¿No es más feliz el ignorante que el avisado, el estúpido que el filósofo, el fanático que el escéptico? Asómate a París, Emilio, y medita dos horas: ¡dime en seguida si camina el siglo hacia la perfección o se precipita hacia la locura!

Pero no me hagas caso. Todo lo que te digo tiene contestación, que ya me han dado muchos filósofos... ¡Solo te ruego que no me creas neocatólico ni carlista por lo que acabo de decir! En medio de todo, si los tiempos presentes me parecen desgraciados en punto a instituciones políticas, los tiempos pasados me parecen vergonzosos. ¡Amo a la humanidad, Emilio, con un sentimiento de compasión tan hondo, que concibo la muerte en cruz con tal de redimirla de la tremenda situación en que se encuentra! Ningún camino es el de su dicha. ¡Por todas partes abismos! ¡Por todas partes el hombre enemigo de su hermano!... ¡Ay! ¡La patria del hombre no está en la tierra!

¿Ves? El propio peso de mis ideas me hace caer en la necesidad de otra vida y en la teoría del mérito y la penitencia, que hace de este mundo una peregrinación y un ensayo... Si no, ¿cómo nos explicaríamos un palacio tan hermoso y un huésped tan desgraciado? ¿Por qué serían los irracionales más felices que el hombre?

Dame pena concluir aquí mi carta: yo quisiera acabar sin que hubiese en mi epístola última palabra. Es decir, que después de escrita la última, quisiera escribir otra negándola, y luego otra negando ésta, y así hasta lo infinito; hasta que formaras idea exacta de que yo no respondo de ninguna opinión mía.

Pero de lo que sí respondo, Emilio, es de que tú, poeta o filósofo, historiador o artista, escritor u orador, racionalista o católico, demócrata o cortesano, eres ya, siendo tan joven, una verdadera gloria nacional, de que deben estar ufanos todos los españoles, lo mismo tus amigos que tus enemigos (desgraciadamente careces de estos últimos); pues tu genio, tu elocuencia, tu erudición, tu imaginación extraordinaria, la pompa de tu estilo y tu prodigiosa memoria son altas cualidades que debes al cielo, y que, ya las emplees en la verdad, ya en el error, aumentan diariamente los tesoros de la poesía castellana. Sabes que, aunque te admirara menos, te querría lo mismo tu amigo de siempre. PEDRO.

Madrid, 1858.

Los pobres de Madrid

Drama real y efectivo, francés en su origen y arreglado a la escena española por Don Manuel Ortiz de Pinedo

Las treinta representaciones que lleva ya esta obra en el más autorizado de nuestros teatros, merecen que la crítica se pare un poco a averiguar el por qué de un éxito tan favorable, tan extraordinario, tan estrepitoso, o, mejor dicho, a aquilatar el mérito de semejante fe de livores, proceso verbal, o lo que quiera que sea.

Entremos de rondón en el asunto.

Los Pobres de Madrid no es una creación literaria, ni una composición artística; es una vista fotográfica del peor aspecto físico, moral y poético de cualquier capital moderna (de esta villa y corte, por ejemplo); vista sacada con tal perfección o parecido, que espeluzna a la misma corte y villa durante la friolera de siete actos. Es un cuadro vivo, en cuyo abultado relieve tropiezan los espectadores más vulgares y menos afortunados y escrupulosos, dándose por aludidos, reconociéndose y saludándose, hasta que llegan a caer y a romperse la cabeza contra alguna atroz realidad, en cuyo punto y hora se avergüenzan y arrepienten, no de cosas que no tienen remedio, sino de haberse reconocido y saludado. Es, finalmente, en vez de la verdad del mundo, uno de los factores o componentes de esa verdad, tornado en crudo y presentado al natural en el templo de Talía, sin darse el trabajo de componerlo, de agregarle algún aliño, de cumplir con la obligación de todo arte, empezando por el culinario. ¡Los Pobres de Madrid se representan, o presentan, todos los días y a todas horas, en todas partes; en buhardillas y callejuelas, en la Inclusa y en los Juzgados de primera instancia, en las Inspecciones de policía y en los Hospitales... ¡y gratis por añadidura! No comprendemos, pues, que se representen también en el teatro por cuanto vos contribuisteis... ¡La embocadura del proscenio debe ser algo más que una ventana con vistas a la calle o al muladar!

Que hay horribles miserias en la vida; que bajo las apariencias del lujo suele ocultarse la escuálida pobreza; que la desigualdad de fortunas ofrece dolorosos contrastes; que a las veces el hombre malo tiene de sobra tanto oro como angustias y privaciones el hombre bueno; que a algunas madres se les retira la leche y que entonces llevan a sus hijos a la mencionada Inclusa... ¡Valiente argumento para un drama! ¡Argumento ciertamente conmovedor! ¡Argumento que hace llorar, temblar, y hasta malparir a las mujeres sensibles! ¿Pero es esto el Arte? ¿Es ésta la literatura? ¿Se inventó para eso el Teatro? ¡De manera alguna, señor Pinedo!

Los Pobres de Madrid no es una obra dramática; no es un fruto del ingenio; no es tan siquiera un discurso edificante: es la vista pública de una causa criminal, una visita general de cárceles, siete cuadros de dolor, crimen y miseria, exhibidos ante nuestros ojos del propio modo que nos exhibieron ayer en Recoletos las Orillas del Mississipi. Las obras de arte, las obras dramáticas deben ser algo más que esto. Deben ser una lección dada por el autor al público, a fin de que aprenda a corregir sus vicios, a refrenar sus pasiones, a curar su alma, a consolarse en sus penas, a esperar y confiar en medio de las mayores injusticias... No basta que expongan el mal: tienen que enseñar a ponerle remedio.

En Los Pobres de Madrid (ya lo hemos dicho) se demuestra que unas familias son más ricas que otras; que hay caballeros muy caballeros que se mueren de hambre; que la suerte sopla más en ocasiones a los pícaros que a los hombres de bien; que algunas madres no alcanzan del cielo ni de la tierra un pedazo de pan para sus hijos, y... ¿qué más?

¡Lo demás lo añade la imaginación del público ¡El público deduce que la Providencia dormita; que el mundo es una injusticia absurda; que deben ser suprimidos los banqueros, y que es preciso maldecir la sociedad, y la vida, y la virtud...! ¡Ah! se nos olvidaba... También deduce que hay que dar limosna de noche a todo el que no se atreva a hablarnos!..., aunque sea un ladrón que nos aceche, o un amante trasnochador, o un filósofo que haya perdido el sueño...

Con lo cual sale usted del teatro lleno de dolor y de amargura, como si acabara de recorrer una enfermería o un presidio, renegando de todo lo que existe y sin haber hecho la digestión. ¡Ah! ¡Esto es cruel; esto es inhumano! Los dolores que no tienen remedio no deben contarse al público por el mero placer de entristecerlo. ¡Las miserias sociales que no tienen cura no deben servir de diversión a los señores abonados!

Además: ¿no trabajan hoy por el mejoramiento de la sociedad los filósofos, los economistas, los políticos de todas las naciones? ¿Y logran algún resultado? ¿Y es posible lograrlo? ¿Habría artes si no hubiera ricos? ¿Habría pan si no hubiera pobres? Los autores de la obra que juzgamos, ¿maldicen la civilización y desean que volvamos al estado natural, donde todos los hombres tienen idénticas necesidades? ¡Famosa ocurrencia sería! ¿O piden que todos los hombres tengan corbata, bastón, alfombras, coches y mesa de billar? ¡Bueno fuera! ¿Quién arreglaría entonces los caminos? ¿Quién trabajaría en las minas? ¿Quiénes serían pescadores, segadores, albañiles, poceros y otras cosas por el estilo? ¿Esclavos negros?

Si en Los Pobres de Madrid se nos presentaran hombres robustos que no encuentran jornal ni tan siquiera en las filas del ejército grandes pintores que no venden sus cuadros, hombres útiles que no supieran qué hacer de sus conocimientos, porque la sociedad, mal organizada, prohibiese el trabajo o no lo recompensase; si los viéramos luchando con privilegios absurdos, con excepciones monstruosas, con aristocracias intransigentes, entonces comprenderíamos este drama y hallaríamos en él grandes consecuencias que establecer como dogmas sociales... El derecho a todo, cuando se tiene méritos para todo... Caminos francos al trabajo y a la inteligencia... Una sociedad paternal y protectora de los buenos, de los útiles, de los trabajadores... No más aristocracias que la virtud y el talento... He aquí las deducciones regeneradoras que podrían sacarse entonces de un drama como Los Pobres de Madrid. Pero cuando ése es el estado social; cuando ya no hay privilegios cuando todos pueden aspirar y llegar a todo cuando hasta los mismos republicanos tienen bufete abierto, no sé para qué se escriben ni se traducen obras como la que analizamos.

Convénzanse el autor francés y el señor Ortiz de Pinedo. Aunque llegaran a repartirse por partes iguales todas las monedas de cinco duros que hay en España y todos los tesoros y bienes de la tierra, siempre habría pobres en Madrid y en todas partes; siempre los holgazanes acabarían por pasarlo peor que los aplicados; siempre los viciosos caerían en el desprecio de los buenos; siempre los tontos serían súbditos de los hombres de rica imaginación; siempre las hermosas se casarían antes que las feas; siempre los enfermos estarían más tristes que los sanos; siempre los poetas serían más melancólicos que los necios; siempre los fuertes vencerían a los débiles; siempre, en fin, habría desigualdades, ruinas, miserias, dolores y aparentes injusticias.

Y nadie tendría razón para sublevarse, a no ser que a alguno se le ocurriese escupir al cielo que lo hizo tonto, débil o malo; en cuyo caso la saliva volvería a caerle en el rostro al insensato blasfemo, y el mundo seguiría como hasta aquí, y como seguirá indudablemente hasta la consumación de los siglos!

1857.

La Desvergüenza. Poema joco-serio de don Manuel Bretón de los Herreros

I

Si el insigne Bretón hubiese dado a la estampa este libro hace quince años, la obra, en sí, sería indudablemente peor de lo que es; pero hubiera hecho más ruido que Barceló por la mar. Publicada en 1856, nadie tiene noticias de ella; y decimos nadie, comparando el aprecio que La Desvergüenza ha obtenido de tres docenas de escritores, con el alboroto nacional que ocasionaba entonces cualquier producción del ilustre autor de la Marcela.

Mas, para nosotros, que desgraciadamente tenemos mejor memoria que la generalidad de los españoles; para nosotros, que leemos las comedias de Bretón a nuestras solas, cuando se pasan años enteros sin que los carteles de los teatros se acuerden de ellas; para nosotros, que seguimos con la vista, cariñosa y reverentemente, a nuestros decanos y maestros cuando los encontramos en algún entierro de cómico (porque ya se entierra a los cómicos en sagrado, pésele a quien le pese); para nosotros, decimos, La Desvergüenza ha sido un acontecimiento. Su mero anuncio nos regocijó, y, bien que no la consideremos una grande obra, emprendemos su juicio con el sombrero en la mano, con el corazón henchido de respeto y benevolencia, medio entusiasmados y medio melancólicos, y, para decirlo de una vez, como quien no aprecia a Bretón por ser autor de La Desvergüenza, sino a La Desvergüenza por ser obra de Bretón.

Y es que, según nosotros, hay autores que, a costa de trabajo y de triunfos, compran el privilegio de que se toleren sus debilidades. Es más: si, cuando un autor llega a conquistar alto nombre, se reimprimen, leen y aprecian hasta los ensayos de su adolescencia, que ayer se miraron con desdén, y luego, cuando muere, se recogen, imprimen y coleccionan hasta sus cartas particulares, ¿por qué La Desvergüenza, debilidad en doce cantos de don Manuel Bretón de los Herreros, no ha de figurar hoy en la librería de cuantos lo han aplaudido durante más de veinte años? ¿Por qué han de ser indiferentes el público y la prensa (¡tu quoque!) a la aparición de un libro que viene a traerles noticias de aquel insigne don Manuel Bretón, representante por mucho tiempo de la musa de Moreto y Téllez; del autor de El Pelo de la Dehesa y de cien joyas más; del sustantivo que engendró el adjetivo bretoniano?

II

Aunque la hayamos calificado de debilidad y consignado que no es una grande obra, nos apresuramos a decir que La Desvergüenza —producción al fin de un ingenio esclarecido— no puede menos de tener, y tiene en efecto, su importancia, su mérito particular, su fisonomía propia, y mucho, muchísimo que elogiar y enaltecer.

Empezaremos, pues, por estos elogios. La última obra de Bretón podrá servir en edades venideras para dar a conocer el estado vulgar del habla castellana a mediados del siglo XIX. Así considerada, es todo un monumento. Nada falta en La Desvergüenza de cuanto mañana apetecerá un filólogo para formar idea de nuestras conversaciones privadas, de nuestra literatura no-escrita, de nuestra retórica casera, de las locuciones de nuestra plebe, del diccionario de nuestros políticos, de la jerga de nuestros banqueros, de la lengua franca de nuestros lechuguinos y del dialecto de nuestras modistas. El galicismo voluntario, o, por mejor decir, la palabra francesa intercalada en una oración española con objeto de demostrar que se ha pasado el Pirineo; esos sans façon..., s'il vous plait..., merci..., au revoir..., comm'il faut, etc., etc., que chapurramos todos; el galicismo involuntario de nuestros prohombres que hacen política, toman acta, se hacen la barba y exprimen su pensamiento en el Congreso de los diputados; los latinajos de obligación —pallida mors-quousque tandem-casus belli-ite, misa est, etc., y el mio caro-bravi!-capisco-t'amo-ripetelo-tutti-diavolo, de los filarmónicos; toda esta charla madrileña, salpicada de falsa ilustración, gárrula, chispeante, deslumbradora, la encontraréis rimada, ridiculizada aquí, explotada y utilizada más allá, siempre a sabiendas y con conocimiento de causa, en el poema que analizamos.

Mas no solo en este sentido es La Desvergüenza un monumento, un padrón filológico, sino también por la pureza de estilo, por la propiedad castiza, por la conciencia gramatical con que está escrita, siempre que el autor habla de su cosecha, Entonces es de admirar su profundo conocimiento de nuestro idioma, la rigurosa sintaxis, la precisa acepción de las palabras, el técnico y ajustado adjetivar que emplea constantemente, y, sobre todo, el caudal inagotable que posee de voces raras, domésticas, científicas, chabacanas, archi-líricas, clásicas y románticas; su memoria para retener los más revesados, nombres de la historia y la geografía; su erudición latina, que rebosa en mil citas de la Biblia, de los clásicos, de los textos universitarios; su familiaridad con los hundidos dioses de la mitología; el desembarazo con que anda por el laberinto de aquellas fábulas enmarañadas y lo hondo que cala en las raíces griegas de nuestro idioma. En fin: su perfecto conocimiento de nombres de telas, de chismes de cocina, de herramientas de artesanos, de todas las prendas del hatillo de un recién nacido, de todos los reyes de Egipto y de todos los toreros de España, cosa es muy digna de asombro, muy peculiar de Bretón, y, por supuesto, muy prodigada en La Desvergüenza.

Pasando ahora del estilo a la versificación, hallamos también mucho que celebrar, sin embargo de las censuras que nos merecerá en el capítulo de culpas la prodigalidad de estrambóticas rimas que resalta en esta obra. Lo bueno que hallamos en la versificación es proverbial tratándose de este poeta: facilidad, hipérbaton, sonoridad, número, cadencias armoniosas, valientes cesuras, forma antigua cuando quiere, fluidez inimitable a todas horas, prolija conciencia en los consonantes, y consonantes que por sí solos constituyen peripecias en el diálogo y hasta en la acción, siendo cada uno un primor, un hallazgo, un detalle (¡pardon!), digno de tanto estudio como estudio revela ya por sí mismo.

Seguir con la imaginación las rimas de La Desvergüenza, es hacer un viaje de recreo por país accidentado (perdón otra vez); o, por mejor decir, es desgranar un mosaico de arcaísmos, de helenismos, de orientalismos, de caló, de patois, de francés, de italiano, de español... y de madrileño.

III

Dice el mismo Bretón en el Prólogo de su poema:

> Que, bien sea batista o bien retorta,
> no la tela, el cosido es lo que importa.

Así se disculpa anticipadamente el autor de la falta de plan y carencia de fondo de su Desvergüenza.

Desde luego aceptamos el símil de la tela y del cosido; pero debemos recordar que en tela tan grosera como La Desvergüenza han cosido, o, por mejor decir, han bordado Lope, Villaviciosa, Quevedo y otros muchos ingenios de primer orden; los cuales no se limitaron, como Bretón, a lucir la igualdad y limpieza de sus correctas puntadas, sino que siempre hicieron alguna prenda útil. La Mosquea y La Gatomaquía, por ejemplo, tienen plan e intención; una acción evidente y otra oculta; mérito en la ejecución del bordado, mérito en el dibujo, y mérito en el epigrama, en la alusión, en la caricatura. La Desvergüenza no está dibujada, no está compuesta, no tiene intención dramática. Su trabajo, lo repetimos, es de pura forma; es un pretexto para vencer arduas dificultades de rima; es, en cierto modo, y salvos todos los respetos, una obra de dificultades y rompe-cabezas a lo Rengifo...

Y, si no, oigan ustedes una retahíla de estos consonantes. Tenemos a yunque rimando con el Arma virumque de Virgilio: —Acapulco, trisulco e inculco: —sacra, polacra, lacra: —Arria, fanfarria, Alcarria: —Plaustro, claustro, austro: —Casia, Asia, Aspasia, todos en una sola página.

Y, a la vuelta de la misma: Anfiarao, nao, Menelao-Verbum caro-tímidos que-Diebus illis, busilis Diebus nostris, Sesostris-jabeque-semper et ubique-sexo, inconexo-loe, roe, incoe- y lo que fuera interminable transcribir.

¡Trabajo pueril es éste, señor Bretón, indigno de vuestra edad y de vuestro talento y del buen gusto que tanto predicáis en la parte didáctica de vuestro poema! ¡Escribir una obra cuyo único mérito estriba en los consonantes, es formar una espada de tosco hierro con filo de acero, como cualquier indecente navaja!

Hay luego trances en que nuestro querido moralista se desmanda hasta recordarnos los antiguos desafueros de la poesía pícara y nos dice chistes acerca de vicios de cuya existencia deben desentenderse los hombres bien nacidos. Aludimos a la octava XIV del segundo canto. ¡Y eso que cuatro octavas antes hemos dejado pasar cierto achaque de que todavía no tienen noticias nuestros hermanitos! ¡Y eso que la operación de que se habla dos octavas más adelante, y el teje-maneje de marras, pudieran hacernos creer que para el señor Bretón de los Herreros no es una atrocidad hablar en público de ciertas cosas!...

Pero ceda nuestra indignación ante la seguridad que tenemos de que el anciano poeta se propuso tan solo hacer sonreír a otros ancianos, y en manera alguna abrir los ojos a los niños ni alzaprimar a los jóvenes, al escribir tales obscenidades... Transeamus, pues, y vamos al fondo del poema.

IV

En primer lugar, no hay tal poema, sino una colección de sátiras inocentes, sin ilación, sin relación, sin pensamiento fijo.

He aquí el índice de la obra:

CANTO I. Invocación. (Invoca a la desvergüenza, después de convencerse de que la vergüenza no parece por ningún lado.)

CANTO II. Justa reparación. (Desagravia a las mujeres de un vapuleo que han llevado en el primer canto, y habla mucho contra los harenes.)

CANTO III. Las Pandillas. (Cree don Manuel que en Madrid existe el pandillaje, o sea una sociedad de elogios mutuos, en lo que denota que no conoce nuestra existencia de café, donde todos se desprecian recíprocamente. Truena contra las empresas humanitarias, diciendo que no cree en su eficacia, y desconfía de todos y de todo. Hace bien.)

CANTO IV. La Diplomacia. (Hay algunas verdades muy bien dichas, pero ya dichas por todo el mundo.)

CANTO V. La Política. (Quizá el mejor, pero plagado de eclecticismo y lugares comunes.)

CANTO VI. El Comercio. (Donde solo hay este pensamiento filosófico: ¡Que no ama al pobre quien condena el lujo!, ya dicho por tantos, y mucha filosofía casera sobre el agio, la bolsa, la estafa, etc.)

CANTO VII. La Literatura. (He aquí el secreto. ¡Pueriles amarguras nacidas de la injusticia o ingratitud del tornadizo público han llevado a Bretón a escribir este poema. ¡Por vida del...!)

CANTO VIII. Artes y oficios. (Cree que por falta de protección de la aristocracia no tenemos hoy Velázquez y Murillos... Nosotros, que conocemos a todos los artistas pobres de Madrid, podemos tranquilizarle en este punto ¡No consiste en eso!)

V

Éste es el esqueleto de la obra.

Abundan en ella muchas ideas heterogéneas; pero no tiene idea fundamental.

La obra es superficial en todo. El autor demuestra ser profundo conocedor de tipos, de nombres, de sitios, de tradiciones; pero nunca del alma de las cosas.

Hace un bello paralelo entre el Madrid de hace treinta años y el Madrid de hoy, y le agradan los dos, no sabiendo con cuál quedarse.

A lo mejor su poema deja de ser La Desvergüenza y se olvida del asunto como objeto y del estilo satírico como forma.

Pero... ¿qué digo? Cuando más acre quiere ser, su sátira no corroe, no excita, no indigna, no subleva. Dijérase, si se tratase de otro hombre, que el autor no conoce ni por el forro a Juvenal.

Empieza a lo Byron, queriendo morder a cielo y tierra, despechado, violento, tremebundo, y acaba elogiándolo todo, admirando siempre, cantando a lo mejor.

Si la sátira, en los grandes maestros del género, corrige las costumbres deleitando, en don Manuel acontece que solo deleita.

Quiere Horacio que la sátira, no arranque una risa, sino una sonrisa: con Bretón se ríe uno a carcajadas.

Por lo demás, nada nuevo, nada atrevido, nada trascendental, ni tan siquiera una paradoja que haga meditar dos segundos.

En cambio, da sus consejitos para ver si arregla a los autores dramáticos con los actores... ¡Es un ángel! ¿Quién le mandó creer a nuestro buen patriarca que su corazón tenía hiel en que mojar la pluma, ni que su pluma se había trocado en látigo?

¿Por qué no ha escrito una obra didáctica, si se hallaba con humor de preceptista? ¿Por qué no ha escrito un poema festivo o una novela en verso, si quería hacernos gozar de sus sales imperecederas? Y, sobre todo, insigne maestro, ¿a qué amargarse porque una o dos comedias suyas hayan sido mal recibidas, quien, como usted, tiene ya caudal de gloria suficiente para hacerse respetar de nuestra generación y de todas las venideras?

Digo más: ¡hasta la misma Desvergüenza pasará a la posteridad, solo por ser obra de usted!

Y cate aquí un juicio sintético de usted y de su última obra.

Madrid, 1857

Agustín Bonnat. Necrología

I

Lo sabíamos hace mucho tiempo... ¡y él lo ignoraba!

A principios de este otoño la fúnebre noticia nos heló de espanto a todos sus amigos. ¡AGUSTÍN BONNAT se moría!... ¡Estaba tísico!... ¡No había esperanza!

¡El agudo folletinista, el novelista delicado, el narrador humorista y excéntrico, el que todo lo dijo siempre con la risa en la boca, el que nunca habló seriamente con el público; aquel ingenio, en fin, semi-francés, semi-alemán, raras veces español, que tan brillantemente apareció hace cinco años en el palenque de la literatura, yacía en una butaca, devorado por la fiebre, agonizando en lo mejor de su juventud, sin savia en las venas, decrépito, agostado como una flor sin agua, como una palmera sin Sol, como un pájaro sin aire!

¡Y él lo ignoraba! ¡Él soñaba con la vida y el amor, con la naturaleza y el arte, con la ciencia y la literatura! ¡Él se creía joven y fuerte; esperaba todos los días salir a la calle a la siguiente mañana; pedía que le llevasen a la nueva Exposición de pinturas, recordando, sin duda, que escribió la crítica de la de hace dos años; hablaba de trabajar y de brillar en el mundo; confiaba en la vuelta de la primavera; preguntaba por sus amigos; reía como antes; se embelesaba con la música; pedía flores y libros; se interesaba en la política; averiguaba la moda; encargaba billetes para los teatros; vivía, en fin, con toda su alma, con toda su esperanza, con todo su ser, con todo su genio... en el borde mismo del sepulcro!

¡Y nosotros lo sabíamos! Todos los días, aguardábamos la terrible nueva... Cada cortejo fúnebre que encontrábamos, temíamos que fuera el suyo... Toda campana que doblaba, decía su nombre a nuestros oídos... El viento lúgubre de noviembre, azotando de noche las paredes de nuestra casa, nos parecía su despedida eterna... Al amanecer de cada uno de estos días negros, lluviosos, melancólicos, que han sucedido a la Conmemoración de los Difuntos, nos parecía que el infinito duelo de la naturaleza lloraba la partida de Agustín, verificada acaso la noche anterior... ¡Y el vértigo del mundo y de los placeres, los sueños de ambición y de gloria, el cotidiano recogimiento después de largas horas de vanidad y de locura, y el renovado comienzo de dichas, trabajos y penas que nos aguardaba cada mañana al saltar del lecho, eran a nuestro corazón, atribulado bajo tan terrible amenaza, punzadores remordimientos y dolorosos sarcasmos! ¡Él moría... él había muerto quizás en aquel instante, y nosotros seguíamos viviendo unas horas que fueron su ilusión y su esperanza!

¡Oh! Y si al morir había despreciado cuanto dejaba en la tierra, ¡qué mengua o qué desventura la nuestra, seguir apurando el cáliz que él apartó de sí en la última hora! ¡Vivir más que los que amamos es una humillante ventaja! Ellos se van, más felices que nosotros, como predilectos del Eterno Dispensador de la vida y de la muerte... Y nosotros quedamos aquí, ufanos de nuestra longevidad, egoístas, buscando razones para enorgullecernos de sobrevivir; diciendo acaso con medrosa candidez: «Pues que yo sé que él ha muerto, indudablemente existo todavía...» A lo que contesta otro monstruo de la imaginación: «Muchos jóvenes mueren en torno mío: quizás soy yo de los destinados a llegar a viejos...» ¡Miseria, locura humana!

¡Agustín! Así hemos pensado muchas veces, durante tu agonía, que no ha sido la tuya, sino la de todos los que te amábamos. Pero ¡ay! ¿a qué te hablamos ya? Ayer no pudimos decírtelo, porque vivías... y creías en la existencia. Hoy... ¡ya no nos oyes!...

...

Hace tres días, el sábado, se entreabrió la nublada atmósfera, dejándonos ver el azul de la inmensidad. Los rayos del Sol alegraron la tierra después de muchas semanas de lobreguez y lluvia fue una mañana hermosa, riente, pura, rica de luz, de aromas y de armonías. Los ojos de los hombres vieron por algunas horas la esplendidez del cielo, y las almas, asfixiadas en la sombría cárcel de este planeta mezquino, volaron por entre las rotas y flotantes nubes buscando espacio y libertad... A la tarde, cerrose de nuevo el horizonte; tornó la Tierra a su soledad y abandono, y volvieron las nubes a derramar copioso llanto...

Durante aquella esplendorosa y fugitiva mañana, el alma de Agustín Bonnat había abandonado este mundo.

¡Y soy yo quien lo digo! ¡Era yo quien había de hablar en tu sepultura! ¡Era esta pluma mía, que tú cogiste tantas veces en mi jugar, la que había de escribir tu epitafio! ¡Era yo, tu compañero, tu amigo, tu camarada literario, quien había de quedar solo, enfrente de nuestro pupitre, escribiendo un artículo más, con imágenes y figuras retóricas, destinado a tal o cuál periódico, entre una Crítica de teatros y una Revista de Madrid...; y ese artículo, ese trabajo, esa producción mía, que tú ya no leerás, había de ser tu necrología, tu oración fúnebre, tu partida de sepelio! ¡Ah! ¡Triste privilegio el mío! ¿Por qué no ha sucedido lo contrario? ¿Qué me importaba a mí morir?

II

A las cuatro de la mañana del 27 de noviembre de este año de 1858 murió Agustín Bonnat.

Unos cien amigos suyos, literatos y artistas casi todos, acompañamos el ataúd en que iba encerrado su cuerpo.

En las afueras de Madrid, en el cementerio de San Nicolás, patio de San Pedro, número 87, se había cavado un hoyo en la tierra, tal fue su deseo y en ese hoyo quedó sepultado aquel que, hacía algunas horas, encerraba en sí mismo el universo entero.

Silenciosos e inmóviles, vimos hundirse en el polvo de la nada al que había sido como nosotros, joven, activo, entusiasta, poeta. Sus pasiones, sus pensamientos, sus proyectos, sus esperanzas, sus recuerdos; los seres que vivían en su corazón, y este corazón, vida de muchos seres; el hijo, el hermano, el amigo, el amante, el literato, el artista; todo lo que significaban aquel cuerpo y aquel nombre desapareció bajo una capa de tierra. A los pocos instantes, ni huella de él!... El suelo, nivelado por el enterrador, era ya transitable para los vivos. Una gota de agua había caído en el Océano. Aquel ser complejo, que absorbía la creación por medio de sus sentidos; que se asimilaba la vida universal, y que, en cambio, inundaba todos los espacios, todos los tiempos con su imaginación, recordando o deseando, adivinando o creyendo..., habíase desvanecido como una sombra, y cuanto a él acudía o de él emanaba, cuanto constituía el ya desenlazado drama, el consumado fenómeno de aquella existencia moral y corpórea, física y espiritual, era como herencia que dejaba al mundo, a nosotros quizás, más inmediatamente que a nadie, pues que nos hallábamos sobre su tumba y habíamos de visitarla muchas veces...

Pero no... ¡mil veces no! Esta teoría no podía ser verdad... Bonnat no quedaba allí. Él, tan infinito pocos momentos antes, no hubiera cabido en una sepultura!

¡Así, Agustín, de pie sobre tu fosa, medité en nuestro destino! Mi espíritu se elevó al cielo en busca de un Dios y de ti; y, cuando me alejaba del cementerio, ni lágrimas de despedida, ni tan siquiera una mirada dirigí al lugar donde había visto tu cuerpo por última vez. No; ¡tú no quedabas allí!... ¡La fe arrogante que mi alma tenía en sí misma en medio del cementerio, díjome muy alto que tu alma existe y goza en la eternidad!

III

Agustín Bonnat nació en Madrid el día 29 de diciembre de 1831. Desde los doce a los dieciséis años de edad estudió en un colegio de Francia, a lo que debió que el idioma francés le fuese tan familiar como el español. Cursó la Jurisprudencia en Madrid. y dedicose a la Pintura en sus ratos de ocio, denotando muy felices disposiciones en tan difícil arte. Sabía las literaturas latina y española más profundamente que hoy se acostumbra. Su novelista favorito fue siempre Alfonso Karr, a quien imitó muchas veces con felicísimo éxito, y su poeta querido Henry Heine, de quien tradujo algunas baladas y leyendas.

Hasta el año de 1853 no se dio a conocer como escritor. Su primera producción, «Yo, ella, nosotros», publicada en el SEMANARIO PINTORESCO, se reprodujo en París, donde se le prodigaron muchos y muy merecidos elogios. Al año siguiente, el mismo periódico insertó el lindísimo juguete Nunca, que tradujo la CRÓNICA DE NEW-YORK. Un capricho de Cleopatra, Dieciocho años después, Dos ramos de flores, Rubias y morenas y Un nido de tórtolas, aparecieron más tarde en el SEMANARIO, mientras que en LA ILUSTRACIÓN se publicaba E pluribus unum y algún otro artículo que no recordamos. Tradujo el famoso libro de Eugenio Pelletan Profesión de fe del Siglo XIX; escribió en el folletín de LAS NOVEDADES Nubes y estrellas; colaboró en primera línea en el renombrado Almanaque-omnibus y en Mañanas de abril y mayo; criticó, según dejamos dicho, la Exposición de Bellas artes de 1856, y después la Estatua de Mendizábal, también en LAS NO-

VEDADES, dejando además, en varios periódicos y álbums, algunas bellas poesías en que se nota la misma afición a la forma extranjera.

Agustín Bonnat era uno de los escritores más fáciles y espontáneos de la nueva generación. Hablaba como pensaba, y como hablaba escribía. Su estilo cortado, bíblico, lapidario, tenía algo del de Girardin y del de Karr. Juntos nos burlamos muchas veces de esta manera de escribir, que por entonces adopté yo también, más por lo nueva y rara que porque me agradase. Muy luego la abandoné, pero no así Bonnat; pues como siempre escribía en broma, conservó aquel extravagante estilo, que era una humorada más de sus producciones. Sin embargo, ¡qué elegancia para adjetivar, qué originalidad y versatilidad de giros, qué sobriedad de color, qué lujo de imágenes y comparaciones! El lector, el señor lector, como él decía, desempeñó casi siempre el principal papel en sus novelas. Era desenfadado, chistoso y flexible como nadie. Todo se lo contaba al público, y todo con gracia y oportunidad. Cuando leía en casa de Cruzada Villaamil, las continuas carcajadas del auditorio ahogaban siempre su voz. La dedicatoria de una obra suya, las señas de su casa al pie de una tarjeta, su saludo, su figura, sus costumbres, todo era en él literario, original, excéntrico. Ameno, fino, impresionable, superficial en la conversación; tierno y profundo con sus íntimos amigos y con su familia; bello y de elegante porte; honrado y arregladísimo en sus costumbres, Agustín Bonnat era sumamente simpático a cuantos lo conocían y muy querido de los que lo trataban.

Fue Secretario particular del señor duque de Valencia y Oficial segundo de la Asesoría de Hacienda: sin embargo, su indiferencia política era absoluta, cosa rara en un literato español de estos tiempos. Nacido en una época de algún entusiasmo por la literatura, el amigo que lloramos hubiera trabajado más y alcanzado alto renombre. Hoy... ¡triste verdad!... nosotros hablamos de él en este periódico, y mañana tal vez nadie se acordará de que ha existido...

¡Ah! ¡que no sea así! Nosotros, al menos, los que le acompañamos anteayer a la final morada, sostengamos vivas, en tanto que peregrinemos sobre la tierra, la merecida fama del escritor y la dulce memoria del amigo.

1858.

Historia de una novela

En Madrid, en este picadero de caracteres indómitos, que no reconoce igual para aquello de convertir en hombres a los niños y en vicios a los hombres; en este infierno de los ambiciosos y de los poetas, adonde venimos todos por curiosidad, y en donde todos quedamos cogidos por los pies, como leones que caen en una trampa; en esta tierra de los fríos secos y de los veranos sin sombra, rodeada de cómodos y elegantes cementerios, que encierran ya veinte veces más población que la capital, pareciéndose en esto a aquellos favoritos enriqueños que llegaron a ser más ricos que sus amos; en Madrid, digo; en el Madrid odiado por las madres de provincias; en el Madrid deseado por los músicos, pintores y literatos de aldea; en el Madrid de dos caras, brillante la una como las carretelas del Prado, los palcos del teatro Real, los gabinetes de las grandes señoras, la amistad de los ministros y los grandes triunfos de la escena, y terrible y funeral la otra como el hospital, la cárcel, el canal y la casa de empeños, o como el portero que dice «vuelva usted mañana», o como el académico que devuelve el manuscrito sin leerlo, o como el editor que no necesita trabajo; en el Madrid, finalmente, de la política, de la Grandeza, del saber, de la Familia Real, de la prensa periódica, de los pretendientes, de los actores, de los banqueros y del Cuerpo diplomático,

coma,

había hace cuatro años, ¡hace una eternidad, si se piensa en lo que ha sido de vosotros y de mí... oh amigos míos!... ¡hace una eternidad, si nos ponemos la mano sobre el corazón y recontamos nuestras afecciones recíprocas, nuestras esperanzas, nuestros deseos, nuestras ambiciones, nuestros amores, nuestras alegrías!... ¡hace una eternidad, si consideramos las miserias, las grandezas, los dolores, las vanidades, los olvidos, las locuras que han llovido sobre nosotros todos!...; pero, en fin, ¡no hace más que cuatro años!...

puntos suspensivos...

había, digo, en Madrid, hace cuatro años... (no importa en casa de quién...: en casa de nadie..., en casa de todos..., en una casa cuya puerta no se cerraba ni de día ni de noche), una gran mesa revuelta, adornada con un tintero monstruo y cubierta de cuartillas de papel sellado sin sello, en la cual escribían indistintamente diez o doce literatos y poetas.

¿Sabéis por qué?

No porque fuera aquella la redacción de un periódico; que allí no se cultivaba tan humilde literatura: allí se escribían dramas, novelas y poemas...: tampoco porque fuera aquella la casa de todos, ni un club literario, ni cosa parecida; sino porque en la habitación inmediata yacía enfermo otro escritor, y algunos amigos suyos habíamos hecho de su casa nuestro cuartel general.

Mesa fue aquélla en que escribió algunas comedias el hijo de Larra, algunos dramas Luís Eguílaz, algunas novelas Agustín Bonnat, cantares Antonio Trueba, artículos económicos Antonio Hernández y letrillas Manuel Palacio; en que se tradujo a Pelletan; en que hizo Arnao muchas canciones, y Castro Serrano varios artículos, y Rivera caricaturas, y Vázquez y Pizarro algunas acuarelas, y planos arquitectónicos Fernández Jiménez, y yo, el menor de todos en edad, saber y gobierno, mis calaveradas de El Látigo y algunas de mis novelillas.

Hoy no sé qué ha sido de aquella mesa. La busqué en las ferias este año, y no estaba. Quizás haya sido convertida en leña, o alquilada para otra nueva cría de literatos.

Pero vamos al asunto.

Un día entré en aquella casa, en ocasión que no había nadie, si se exceptuaba el enfermo.

Llegueme a la mesa, con objeto de escribir un artículo para El Eco de Occidente, revista de literatura que a la sazón poseía yo en Granada, y, al buscar papel blanco en el pupitre, tropecé con dos cuartillas escritas por un lado y en letra muy menuda, que no eran ni más ni menos que el principio de una Novela...

No tenía título ni nombre de autor pero la letra era de Luís Eguílaz.

Semejante al niño que descubre en un rosal un nido de ruiseñores, y, lejos de tocarle, lo oculta entre las hojas, y se aleja de puntillas, no por piedad hacia los polluelos sino para llevárselos luego que tengan pluma; así yo, cazador de originales, coloqué de nuevo las cuartillas donde estaban, a fin de que el buen Eguílaz concluyese la Novela, y con propósito firme de robársela entonces y remitirla a mi mencionada revista.

Cuando volví a registrar el nido, mi sorpresa, mi júbilo, mi felicidad no tuvieron límites. Había cuatro cuartillas más, escritas en otra letra, en otro estilo, y ¡oh placer! con la palabra FIN al pie de la última línea.

Dichas cuartillas eran de letra y estilo de Agustín Bonnat. Entonces lo comprendí todo. El autor de Nunca había llegado a la mesa después de salir yo, y, encontrando las dos cuartillas que leí y respeté, creyó lo más oportuno concluir la Novela a medida de su capricho...

Yo no vacilé ni un momento: cogí las seis cuartillas; las leí; las bauticé con el título de Honni soit qui mal y pense; puse epígrafes a los capítulos; añadí un epílogo al final; metilas en un sobre, y se las eché en la boca a uno de los dos leones de la calle de San Ricardo.

Al otro día, cuando Eguílaz y Bonnat buscaron, el uno el principio de su Novela y el otro el resultado de su broma, no pudieron explicarse lo ocurrido, ni yo les dije palabra sobre el particular; pues quería sorprenderlos enseñándoles impresa su obra...

Pero ¡ay! ¡ya era tarde! El Eco de Occidente había muerto de hambre de original antes de que llegaran a Granada las seis cuartillas.

No se ha impreso, pues, hasta de presente aquella Novela de Eguílaz y Bonnat, que ellos creerán perdida... Hoy, como hace cuatro años, necesito un artículo... Las seis cuartillas han vuelto a mi poder con toda la testamentaría de El Eco... Las he leído, y me han gustado... ¿Me perdonarán sus autores que las publique sin su anuencia?

Creo que sí6.

Madrid, 1858.

Introducción a las obras de Don José Selgas

I

Por aclamación nacional y voto público dase a la estampa la presente colección de OBRAS DE SELGAS. España, toda España, es esta vez la casa editorial que reimprime los famosos libros del Cantor de las flores: España ha donado previamente, con maternal amor y soberana munificencia, el importe de todos los gastos, y a la triste viuda y pobres hijos del malogrado Ingenio irán a parar todos los beneficios de tan honrosa empresa.

Que no es hipérbole de la amistad ni del dolor el considerar esta publicación como monumento que la Patria erige a su propia gloria con las peregrinas OBRAS DE SELGAS, se patentiza, para regocijo de las Letras Castellanas, en la carta que dio origen a la suscrición general, y cuyas firmas representan, conspicuamente y por vario modo, a los diversos estados, escuelas, clases y partidos que juntos constituyen la Nación española. Dice así tan importante documento:

«señor don..

«Muy señor nuestro: El señor don JOSÉ SELGAS Y CARRASCO, insigne poeta y escritor, honra de España, ha muerto pobre. Los que suscriben, deseosos de reunir y perpetuar las obras del ilustre literato, y de acudir en auxilio de su familia, han creído que el mejor medio para lograr uno y otro fin es promover una suscrición pública, cuyo producto se invierta en reimprimir, coleccionados, libros de tan relevante mérito. La nueva edición que de ellos se haga será propiedad de la viuda e hijos de Selgas, a los cuales se entregará también el remanente de la suscrición, si lo hubiere.

»Convencidos de que le será a usted grato cooperar a tan laudable propósito, esperamos que nos ayude a llevarlo a cabo, contribuyendo por su parte a la suscrición y procurando fomentarla.

»Las cantidades que se recauden se dirigirán a las oficinas del señor Fontagud Gargollo, Barquillo, I duplicado.

»Somos de usted atentos y seguros servidores Q. B. S. M.,

»Juan Ignacio, Cardenal Moreno, arzobispo de Toledo. El duque de la Torre. El marqués de Casa Jiménez. El conde de Cheste. D. el duque de Pastrana. El marqués de la Vega de Armijo. El duque de Tetuán. Manuel

Cañete. Cándido Nocedal. Claudio Moyano. El conde de Canga-Argüelles. Manuel M. de Santa Ana. Emilio Santillán. Esteban Garrido. A. de Carlos Tomás Rodríguez Rubí. El marqués de Molins. A. Cánovas del Castillo. Gaspar Núñez de Arce. Antonio Romero Ortiz. José Echegaray. Manuel Tamayo y Baus. Gabino Tejado. José de Fontagud Gargollo. Mariano Catalina. Fernando Fernández de Velasco. M. Menéndez Pelayo. Pedro Antonio de Alarcón. El conde de Casa Sedano. Mariano Vázquez. Aureliano Fernández Guerra. El marqués de Vallejo. Alejandro Pidal y Mon, marqués de San Gregorio. Ramón Nocedal. Antonio Arnao. Emilio Castelar. Manuel Alonso Martínez. Práxedes M. Sagasta. Isidoro Fernández Flórez. El conde de Orgaz. El conde de Guaqui. Carlos Díaz Guijarro, cura de la Parroquia de San Luís. El marqués de Valdeiglesias. Alfredo Escobar. Francisco Silvela. José Ortega Munilla. F. Pi y Margall. Joaquín Martín de Olías. Emilio Arrieta. Benito Soriano Murillo. El conde de Velle. El marqués de Viluma. El marqués de Peñaflorida. Antonio F. Grilo. Antonio María Fabié. José de Posada Herrera. Arsenio Martínez de Campos. El marqués de La Habana. Juan Guelbenzu. El duque de Villahermosa.»

Ya lo hemos dicho: España respondió, así en la Península como en las Provincias de Ultramar, a este llamamiento de tantos preclaros hijos suyos: desde la Real Familia hasta el afanado adolescente que se abre camino al templo de las Ciencias, de las Letras o de las Artes, todo linaje de españoles de valer o de nota, prelados, próceres, estadistas, académicos, doctores, militares, poetas, artistas, escritores, banqueros, industriales, comerciantes, funcionarios del Estado, etc., han contribuido a la glorificación del cantor de la Modestia (modesto él, más que la violeta con que la personificó en versos inmortales); por lo que bien podemos decir aquí que las OBRAS DE SELGAS, al salir hoy de nuevo a luz, están laureadas, no solo por la Real Academia Española, que había llamado a su seno al Autor, y que tan especiales honores fúnebres ha creído de su deber tributarle, sino también por el aplauso y la sanción expresa del foro público. Séale lícito al que esto escribe dar las gracias, en nombre de Selgas (como él, si pudiese, las daría bañado en lágrimas), a tantos y tantos corazones entusiastas y generosos, por el bien que han hecho a la noble mujer y a los tiernos niños en quienes clavaba atónito sus últimas miradas, como preguntándose qué sería de ellos en el mundo sin el paternal amparo... Mas no daré a nadie las gracias por el nuevo esplendor añadido al renombre literario del poeta; que ese homenaje se le debía en justicia, y, además, no sería yo fiel intérprete de su bendita humildad, si le atribuyera otros sentimientos y actitudes que confusión, espanto, cortedad, y aquella admirable y sincera desconfianza con que nos decía el pasado Otoño, al oírnos celebrar sus últimos y acaso mejores versos (los tercetos AL SIGLO XIX): «Pero ¿de verdad creéis vosotros que esto vale algo?»

II

Arrogancia y profanación fuera de nuestra parte intentar ahora escribir con tosca pluma un juicio crítico de las OBRAS DE SELGAS, cuando ellas lucen y se recomiendan tanto por sí propias. Únicamente apuntaremos aquí algunos datos biográficos del inolvidable amigo y compañero, para que el día de mañana llenen aquel vacío que, por lo tocante a la vida de los Autores, suele quedar en la historia de la Literatura (aun tratándose de los más insignes y aplaudidos), si personas de su intimidad no cuidan de trasladar a público papel las caras memorias de que el corazón más piadoso y amante solo es frágil y precaria urna, que la muerte rompe también muy luego... Y ninguna manera mejor se nos ocurre de comenzar nuestro humilde trabajo, que referir lo que pasó en la Real Academia Española cuando le fue notificada la muerte de Selgas, y copiar el notabilísimo documento, hoy ya de dominio público, a que en seguida dio lectura el ilustre autor de Virginia, don Manuel Tamayo y Baus.

Diremos, pues, que era la noche del jueves 9 de febrero del presente año de 1882, memorable, por lo luctuosa y triste, para aquella docta Corporación. Tamayo, pálido, trémulo y con voz enronquecida por las aprisionadas lágrimas, cumplía su deber de Secretario, dando a la Junta cuenta oficial del fallecimiento del poeta, del amigo, del hermano... No menos afectados los que le escuchábamos —el conde de Cheste (Director), el marqués de Molins, los dos Fernández Guerra, el marqués de Valmar, Cañete, Nocedal, Rubí, Campoamor, Cánovas, Canalejas, Silvela, Arnao, Galindo, Barrantes, Pascual, Núñez de Arce, el marqués de San Gregorio, Catalina, Menéndez Pelayo, Madrazo, Tejado y el que suscribe—, creíamos como que era mayor o más definitiva la ya muy llorada pérdida desde que se proclamaba en aquel sitio...

Tomó en seguida la palabra el por tantos títulos digno y respetable Director; y, después de lamentar la que todos considerábamos desventura de familia y de la Patria y de conmemorar los méritos del escritor y las virtudes del hombre, rogó a la Academia que otorgase a Selgas un singular honor, costeándole el entierro... Volvió a hablar entonces Tamayo, y dijo que, sabiendo el propósito del Director, y no dudando de que su noble idea sería aprobada con entusiasmo y por unanimidad (como ya lo había sido), tenía redactado el Oficio en que se comunicaba tal resolución a la viuda; documento que estimaba necesario leer, a fin de que la Academia lo hiciese suyo en todos sus términos y apreciaciones, y fuera, por tanto, más grato y consolador a aquella infortunada señora.

El Oficio leído por Tamayo, entre sentidas muestras de adhesión de la Junta, era digno de la pluma de oro que lo había escrito, y estaba concebido en los términos siguientes:

«Iustrísima señora doña Carolina Domínguez, viuda de Selgas.

»La Real Academia Española ha resuelto a una voz costear el entierro de su individuo de número, el Ilmo. señor don José Selgas y Carrasco (q. s. g. h.), y suplica a V. I. que la autorice para llevar a cabo este acuerdo con que se propone rendir tributo de amor a la memoria del que fue modelo de hijos, de hermanos, de esposos, de padres y de amigos: del que en la próspera y la adversa fortuna dio ejemplar testimonio de fortaleza, honradez y virtud: del que por implacable necesidad y vocación irresistible trabajó toda su vida afanosamente, sin que nunca le trajese la gloria más que el pan de cada día: del insigne literato que logró animar a las flores y convertirlas en maestras dulcísimas del género humano: envolver la acerba sátira y la grave moral en manto de los más deleitosos colores y la más fina pedrería; hermanar lo ingenioso y lo ameno con lo profundo; dejar en sus escritos personalidad literaria que ni ahora se confunde ni podrá jamás confundirse con ninguna otra, que es, a no dudar, una de las más bellas y significativas de nuestra época, y que de la nuestra recibirán quizá las futuras con aplausos y bendiciones. Quiere el cielo, señora, que quien profesaba a Selgas cariño de hermano y profesa a la Academia cariño filial, tenga la dicha de ejecutar un acuerdo tan honroso para aquél como para ésta, y capaz de hacer derramar a V. I. lágrimas consoladoras. Manuel Tamayo y Baus.»

92

III

El egregio poeta y gallardo escritor a quien la Academia Española daba la santa limosna del entierro (si limosna pudo llamarse nunca la solicitud maternal), había nacido en Murcia, a 27 de noviembre de 1822; contrajo matrimonio en 1857 con una distinguida señorita de Lorca, y murió en Madrid, calle de Claudio Coello, número 38, a las diez y cuarto de la noche del domingo 5 de febrero, de 1882, dejando dos hijos: Consuelo, de diecisiete años de edad, y Carlos, de catorce.

El padre de Selgas, pobre empleado de Correos, no pudo costear carrera literaria al que, guiado solamente por el propio numen, había de llegar a la jerarquía de maestro y dechado de literatos. Comenzó, pues, el futuro académico su áspera y laboriosa jornada desempeñando a los diecisiete años una plaza de escribiente en el Gobierno civil de Murcia: en 1844 asistió al sitio de Cartagena, y ganó la cruz de San Fernando, como oficial de milicianos movilizados y ayudante del General don José de la Concha; y en 1845 administraba en la provincia de Almería una Fábrica de fundición de plata... Aquí aparece de pronto el Sol de la fortuna, según explicaremos más adelante, en el horizonte de Selgas. En 1850 obtiene del señor conde de San Luís el nombramiento de Auxiliar del Ministerio de la Gobernación: en 1856 lo asciende el señor Nocedal a Oficial de secretaría del propio Ministerio; y en 1879 el General Martínez Campos le hace venir de Lorca, donde el antiguo cantor de La Primavera y de El Estío vivía dedicado juntamente a la agricultura y a escribir novelas, y le confiere el alto cargo de Secretario general, o Subsecretario, de la Presidencia del Consejo de Ministros. Tal es, en compendio, la varia y peregrina hoja de servicios del Ilmo. señor don José Selgas y Carrasco, de quien resta añadir que también fue una vez Diputado a Cortes (1867 a 1868).

Como hombre político, militó siempre en partidos retrógrados o reaccionarios con relación a las circunstancias en que dedicó a las cuestiones del Estado su actividad y su inteligencia. Desde 1850 hasta el destronamiento de doña Isabel II figuró en el partido moderado, y así lo comprueban su célebre campaña periodística en El Padre Cobos, de que hablaremos luego, y la no menos valiente y notable, aunque no tan notoria, que hizo en la ultramoderada España, por cuyas resultas se batió en duelo con el señor don Carlos Navarro y Rodrigo, quien tuvo la que consideró desgracia (lo atestigua uno de sus padrinos, autor de estas líneas) de herir, en justa y forzosa defensa, al noble escritor cuyo ingenio tanto admiraba. Durante el interregno de la Dinastía de Borbón, o sea de 1868 a 1875, la calamidad revolucionaria le llevó poco a poco, como a otros varios desesperanzados conservadores, hasta las fronteras del partido carlista... Y, lograda la Restauración en la persona de don Alfonso XII, simpatizó vivamente con el nuevo estado de cosas, según lo demuestra el haber admitido del General Martínez Campos la mencionada Subsecretaría, y de su constante amigo particular don Antonio Cánovas del Castillo una importante Comisión del ramo de Beneficencia.

Pero entremos en su verdadera historia: entremos en su vida literaria.

Diole a conocer en Madrid su paisano el distinguido poeta don Antonio Arnao, leyendo en la tertulia del sabio literato don Aureliano Fernández-Guerra y Orbe algunos de aquellos delicadísimos cantos a las flores que Selgas escribía en Murcia, oscurecido y desalentado, y que pronto habían de abrirle de par en par las puertas del templo de la fama. Prendado el ya entonces renombrado crítico señor Cañete de tales maravillas poéticas, las hizo admirar al público en las columnas de El Heraldo, y directa y personalmente al conde de San Luís, ministro de la Gobernación en aquel tiempo y Mecenas de nuestro Parnaso; y el conde de San Luís (dicho sea en su alabanza) llamó inmediatamente a Selgas a la villa y corte, y le otorgó el destino oficial ya indicado, amén de otras señaladas muestras de estimación y aprecio.

No tardó, pues, en publicarse, con muy bien pensado y donosamente parlado prólogo del señor Cañete, la colección de poesías del vate del Segura, titulada LA PRIMAVERA..., siendo de notar que aquella primera edición de obras de Selgas fue también impresa por suscrición o aclamación pública, lo mismo que ésta que hoy damos a luz sus albaceas. Muy mozos, casi niños todavía, éramos nosotros entonces, y aún recordamos la explosión general de entusiasmo que produjo aquel ramillete de flores, en que a la frescura y lozanía de la verdadera naturaleza se juntaban todos los primores del ingenio y la más saludable filosofía. Puede asegurarse que la Nación entera se aprendió de memoria las composiciones denominadas El Laurel, La

Modestia, La Dalia, La Alondra, La Caridad y la gratitud, Lo que son las mariposas, El sauce y el ciprés y otras varias, cuya boga no ha pasado en modo alguno, sino que se perpetúa en la generación que hoy nos llama viejos.

Digna continuación de LA PRIMAVERA fue otra colección de poesías titulada EL ESTÍO, en que también cantaba Selgas la hermosura de tierra y cielo y los más puros sentimientos del alma humana, con tierno y sencillo y natural lenguaje, muy superior en gracia a los artificios de aquellos clásicos trasnochados que solo veían en la Naturaleza un reflejo de la antigua mitología pagana, y muy más expresivo que la vaga y difusa palabrería de aquellos románticos de segunda o tercera extracción que, en fuerza de querer decir mucho, no decían nada cierto y perceptible, y que también cantaban y gemían por cuenta de sentimientos ajenos; Virgilios orechianti los unos, que no creían en Júpiter ni en Ceres, y Byron de reata los otros, que maldito si tenían razón alguna, personal o doméstica, para mostrarse tan furiosos y tristes como el emigrado bardo inglés. Propia, legítima, ingenua, sentida por Selgas mismo, y no calcada sobre juicios o penas del prójimo, era la poesía de LA PRIMAVERA y de EL ESTÍO, y de aquí la honda impresión que estas lindas y poco aliñadas obras causaron en académicos y en principiantes, en los literatos y en el público lego, en los fuertes varones como en las sensibles mujeres.

Pero nos apartamos de nuestro propósito de no juzgar las composiciones de Selgas: olvidamos que a las flores se las ve y se las huele, pero no se las analiza, para formar idea de sus encantos. Continuaremos, pues, estos apuntes biográficos diciendo que, algunos años después, publicó nuestro autor una tercera serie de versos, denominada FLORES Y ESPINAS, la cual, aumentada con sus poesías póstumas, ora inéditas, ora no coleccionadas, figurará en el segundo volumen de la presente edición de sus obras.

No menos admirable y mucho más fecundo que como poeta lírico, fue Selgas como autor de artículos satírico morales, de novelas y de otros escritos en prosa, y también alcanzó en el teatro algunos triunfos, tal vez poco ruidosos en comparación de los que ya le habían colmado de laureles, pero igualmente justificados y merecidos. De todos estos trabajos, solo mencionaremos los que más le han caracterizado en la literatura contemporánea y mayor cosecha de aplausos le rindieron.

Todo el mundo recuerda o habrá oído citar con grandes celebraciones un periódico satírico político, titulado El Padre Cobos, que vio la luz pública de 1854 a 1856, o sea durante aquel por antonomasia llamado bienio, en que, digámoslo así, volvió a regir los destinos de España el famoso general Espartero. ¡Jamás se ha combatido a Gobierno alguno con tanta gracia, tanto valor, tanta crueldad y tanto talento como lo fueron los progresistas por aquella hoja que dos o tres veces a la semana hacía desternillarse de risa a toda la Nación, mientras que algunos de los atacados apelaban a ridículas persecuciones y bárbaras violencias, para ver de librarse de aquel implacable azote! Pues bien: aunque en El Padre Cobos escribían, a lo que luego se supo, cinco o seis de los más ilustres literatos españoles, todos hubieron de declarar que Selgas fue quien le dio tono, vida y alma; que de él procedían aquel gracejo irresistible y aquella originalidad inagotable; y que de la misma pluma que antes había libado mieles en el cáliz de las flores eran aquellas zumbonas y regocijadas letrillas, aquellos punzantes y emponzoñados sueltos, aquellos sutiles e ingeniosos artículos, que indudablemente anticiparon en uno o dos años el total descrédito político y postrera caída del bondadoso vencedor de Luchana. No pocos chistes, locuciones equívocas y calificativos burlescos estampados allí por Selgas, han pasado a ser proverbiales en nuestra Lengua y úsanse hoy generalmente en toda suerte de conversaciones, como los donaires de Cervantes o de Quevedo.

Bajo los títulos de Hojas sueltas, de Más hojas sueltas, de Nuevas páginas, de Cosas del día, etc., etc., coleccionó más adelante nuestro amigo gran número de artículos humorístico morales que, por espacio de algunos años, había ido publicando en diversos periódicos, y que presentan su genio de escritor por otro brillantísimo aspecto. Refiriéndose especialmente a tales artículos, ha dicho hace poco el esclarecido literato Tamayo y Baus:

«Debajo de sazonadísimos chistes y de peregrinas galas de ingenio, escóndense en estos singulares escritos tesoros de profunda observación, de recta filosofía y de sana moral. De cuantas ideas y manías caracterizan y conturban a nuestra época, no hay tal vez una sola que Selgas no haya observado con perspicacia, analizado escrupulosamente y apreciado según su conciencia, y siempre con sujeción a un mismo criterio. Nunca varió, nunca se desmintió; todas sus palabras, desde la primera hasta la última, se encaminaron a un solo fin. Pasma en estos tiempos de confusión, incertidumbre y duda, la unidad moral de todas sus obras. Niéganle muchos, sin embargo, el título de autor grave y moralista, ya tildándole de paradójico, ya considerándole como escritor meramente agudo y festivo. Suele el vulgo no ver más que la corteza de las cosas, y hay personas ilustradas que, cuando el fondo de las cosas no es de su gusto, hacen como que no lo ven. Ciertamente que Selgas se distingue por su agudeza; nadie en el Parnaso español puede ponerse con justicia entre Quevedo y él. Ciertamente que habla con agudeza de la sociedad en que vive; pero esta cualidad, lejos de estorbarle en su empeño, le sirve a maravilla para penetrar en lo más recóndito e íntimo del original, y patentizarlo en la copia. Cabe decir: 'Eso que a Selgas le parece feo, es hermoso.' No cabe decir: 'Eso es mentira'.»

Las más celebradas novelas que ha dejado se titulan La Manzana de Oro, Un rostro y un alma, Un retrato de mujer, La Deuda del corazón, y Nona, esta última inédita, pues todavía trabajaba en corregirla cuando le sorprendió la muerte. No sabemos por qué motivo, Selgas, como novelista, era más estimado o más popular en la América española que en la madre España, aunque también aquí las gentes literarias y de buen gusto admiran grandemente estas otras producciones de tan vario y peregrino ingenio; y a semejante fenómeno aludirá tal vez el concienzudo señor Tamayo cuando sigue diciendo con melancólica serenidad:

«Tiene gran fama, y la tendrá mayor cada día. Hoy no se le da acaso todo lo que se merece, porque el espíritu de sus obras es, si el que esto escribe no se equivoca de medio a medio, antipático a la mayoría de los críticos que rigen la opinión.»

Nos inclinamos a creer lo mismo que el eminente dramático, partiendo del principio de que la América latina, bien que republicana, no está, ni con mucho, tan imbuida como la España peninsular de ciertas asoladoras ideas modernas.

Por lo demás, aquí viene muy a cuento decir que en 14 de diciembre de 1865 fue elegido Selgas Individuo de número de la Real Academia Española; pero que, habiendo juzgado la mayoría de aquel Cuerpo que el discurso del recipiendario, presentado en 1869, suscitaría graves contradicciones y conflictos, no se verificó la toma de posesión hasta el año de 1874, en que un memorable acto de fuerza había hecho enmudecer a la imprenta y a la tribuna.

Conque terminemos ya, retratando, por vía de despedida y con amistosa delectación, al ilustre poeta cuya amada imagen no se borra ni se borrará nunca de nuestra alma.

Era Selgas de más que mediana estatura; delgado, aunque no endeble; de poco garbosa configuración; limpio de su persona, pero desacertado en el vestir, y graciosísimo de gesto al hablar, no obstante la grave seriedad de su rostro, noble y feo. Tenía gran nariz borbónica, no menor que la de Carlos IV; ojos negros y penetrantes, un poco oblicuos y coincidentes como los de los chinos; labios avanzados y siempre juntos, propios de los que piensan más que hablan; baja y estrecha la frente, coronada de indóciles cabellos, que servían como de nimbo a aquel severo y reflexivo rostro; pálida y curtida la tez, profunda la voz, tarda la palabra, pronta la ocurrencia, deliciosa la risa, igual el humor, cortés y afectuoso el trato. Gruñía a veces, sin perder la dulzura de su carácter censuraba con mansedumbre; elogiaba con sobriedad; no adulaba, ni pedía; se contentaba con muy poco para sí, y trabajaba sin descanso para los demás. Su compañía era solicitada de todo el mundo; frecuentaba los más aristocráticos salones, donde sus agudezas o sus paradójicas máximas le valían continuos aplausos: amaba a su familia y era amado de ella con verdadera adoración: fue siempre hombre de bien hasta la austeridad y el ascetismo: vivió en perpetua estrechez de recursos: nunca dejó de considerarse feliz; y murió, como había vivido, pobre y contento, descuidando en sus amigos, y sobre todo en Dios, al comprender que la muerte le iba a impedir continuar trabajando para su familia.

Cerrole los ojos su camarada del alma, inseparable amigo y compañero de lides políticas, literarias y de todo género, don Esteban Garrido. Allí estaban también el mencionado Secretario perpetuo de la Academia Española, señor Tamayo y Baus, y el marqués de San Gregorio, asimismo Individuo de ella y Presidente de la de Medicina. El entierro fue como una salida triunfal de esta vida, pues acompañaban al Poeta innumerables y distinguidísimos representantes de todas las aristocracias, inclusa la de la pobreza y la virtud. Duerme el sueño eterno en el Cementerio de San José y San Lorenzo, núm. 307 del Patio de las Ánimas. Descanse en paz.

IV

Una palabra tenemos que añadir todavía, y oblíganos a ello nuestra calidad de encargados, con otras personas, de ordenar la publicación de las OBRAS DE SELGAS, en nombre de todos los firmantes de la carta invitatoria que más atrás hemos insertado.

Nos dirigimos juntamente a aquéllos de nuestros compatriotas que se han suscrito para costear esta publicación y a los que todavía no han contribuido a ella; es decir: nos dirigimos al público en general, y le invitamos a coronar la hidalga empresa común de que nosotros no somos más que humildes agentes, adquiriendo y recomendando los valiosos libros cuya serie principia en el presente volumen. Piensen unos y otros que, si se han de cumplir los dos fines que nos hemos propuesto, perpetuar la gloria de Selgas y auxiliar a su desgraciada familia, es necesario que estas OBRAS se vendan copiosamente. Al imprimirlas, amortizaremos la mayor parte del capital recaudado, y ellas tienen que producir el rédito o renta de este capital... ¡No se diga nunca que hemos hecho una suscrición para costear libros muertos y estériles, que se pudran en los sótanos de las librerías, sino para poner en circulación y hacer fecundo en beneficios materiales y morales el caudal de ideas vivas, graciosas, bellas, consoladoras, edificantes, que Selgas legó a su familia y a su Patria! Afanémonos, pues, hoy sus amigos y admiradores en la difusión y venta de estos prodigios literarios, tanto como nos hemos afanado en allegar medios para reimprimirlos.

1882.

Historia de un almanaque

I

La ingratitud es ley general de las almas. Adán fue ingrato con Dios; Eva con Adán, Caín con Eva, y así sucesivamente, hasta llegar a nosotros, que lo hemos sido con nuestros abuelos, como nuestros nietos lo serán con nosotros... ¡No parece sino que el hombre necesita desentenderse de los beneficios y atenciones que debe a sus antepasados, para considerarse más libre, más suelto, más dueño de sí, o, como si dijéramos, más autónomo!... Pero ¿qué digo el hombre? ¡Hasta los ángeles son desagradecidos! Y si no, recuérdese la famosa insurrección de Luzbel y de las numerosísimas falanges de rebeldes que lo siguieron, con artillería y todo, según que asegura Milton en su inmortal poema...

Mas no se trata aquí de sublevaciones, ni de ninguna otra especie de ingratitudes activas. Trátase de una feroz ingratitud pasiva, tan irritante como todos los olvidos y descastamientos: trátase de la cruel indiferencia y pasmosa frescura con que los individuos de cada generación, no bien aparecen en este mundo, se ponen a disfrutar de cuanto encuentran inventado y establecido en él, sin detenerse a pedir licencia ni a dar las gracias a persona alguna, como si nada se debiera a los trabajos de nadie, como si todo hubiera existido siempre sobre la tierra, como si, v. gr., los barcos de vapor, los fósforos, los ferrocarriles, los telégrafos eléctricos, el gas, la fotografía, el Canal de Lozoya y el restaurant de Fornos fuesen cosas tan antiguas y naturales como el Sol, como la lluvia, como la hierba o como las perdices crudas... ¡No saben esos señoritos recién nacidos, o recién puestos de pantalones, o recién afeitados (y, si lo saben, no lo recuerdan; y, si lo recuerdan, proceden como si no lo recordaran), que ayer mismo, hace poquísimos lustros, cuando ya vivíamos nosotros (que somos tan hijos de Dios como ellos), no había sobre la tierra, o por lo menos en España, ninguna de esas maravillas! ¡No saben, o aparentan ignorar, que en aquellos tiempos, los que hoy peinamos canas, o no tenemos ya necesidad de peine, solo podíamos ir a Filipinas en barco de vela y por el Cabo de Buena Esperanza, ¡lo cual era una desesperación!; nos veíamos obligados a echar yescas cada vez que encendíamos un cigarro, y hubimos de recorrer la Península, desde Cádiz hasta el Bidasoa y desde

Valencia hasta Santander, no en coche salón y en un verbo, como ellos hacen ahora, sino prensados días y días en apestosa diligencia y sujetos al capricho y la ordinariez de aquellos autócratas que se llamaban mayorales! ¡No tienen en cuenta que nosotros hemos vivido largo tiempo sin telégrafo alguno, y luchado luego con las nieblas, cuando se construyeron las torres ópticas, y pagado, en fin, doce reales por cinco palabrillas, al establecerse los alambres eléctricos: que, en la niñez, pasamos años y años sin ningún alumbrado público, o con alumbrado de aceite de olivas, gracias esto último a ciertos farolillos llamados prisioneros, cuya periódica aparición y desaparición marcaba la paz o la guerra entre negros y serviles: que, después de habernos gastado un dineral en retratos al óleo y miniaturas sin ningún parecido ni aire de familia, nos creímos transportados al sétimo cielo el día que, a fuerza de deshojarnos, logramos percibir algo semejante a la fotografía en los vislumbres y tornasoles del daguerrotipo; y que, hasta 1858, en que presenciamos la entrada triunfal del Lozoya por la calle Ancha de San Bernardo, estuvimos muchas canículas puestos a ración de agua, teniendo que contar con la protección del aguador y con la indulgencia del ama de huéspedes para lavarnos algo más que la punta de los dedos y de las narices... En fin, no tienen presente esos ingratos que nosotros, sus padres, sus maestros, sus bienhechores, hemos conocido unos tiempos en que los grandes banquetes políticos, militares o literarios, presididos por un divino Argüelles, por un invicto Espartero o por un laureado Quintana, se celebraban en el non-plus-ultra de las fondas matritenses de entonces, en la fonda de Perona, donde cada cubierto, con pepinillos, rábanos y todo, valía dos pesetas, y donde, por una peseteja de plus, daban hasta ponche a la romana y pavo en galantina, y (lo que era más elegante que todo) ¡enjuague!..., cuya perfumada agua tibia solían beberse algunos consecuentes bienaventurados!...

II

Pues esto mismo ocurre en materia de almanaques. No bien comienza a barruntarse la llegada de un nuevo año, todos los jóvenes de ambos sexos piden a sus padres que les compren, o compran por sí y ante sí, el almanaque ilustrado que mejor se acomoda a sus gustos y aficiones, pareciéndoles lo más natural del mundo el que en España se publiquen anualmente doscientos o trescientos calendarios distintos, con sus grabados, sus versos, sus novelillas y sus noticias de todo orden, y el que lleven títulos tan variados y apetitosos como Almanaque de las flores, Almanaque del elector, Almanaque del gastrónomo, Almanaque del empleado, Almanaque del albéitar, Almanaque de las señoritas, Almanaque de Venus, Almanaque de los niños, Almanaque democrático, Almanaque religioso, Almanaque del toreo, Almanaque de las musas, Almanaque de las madres, Almanaque de los bufos, etc., etc. Llévase, pues, cada uno a su casa el calendario que prefiere, y al hallar en él, por tan poco precio, tantas cosas buenas o malas (pero todas agradables) que repasar durante un año entero, maldito si se les ocurre considerar que no siempre habrá habido almanaques ilustrados; que alguno sería el primero que se publicó en España; que alguien lo discurriría y escribiría, y que a este alguien, más que a los maravedises dados al librero, deben aquel placer que experimentan y de que no disfrutó Adán en el Paraíso...

Sobre todo, si el almanaque tan fácilmente logrado es el que dedica el excelentísimo señor don Abelardo de Carlos a los habituales lectores de La Ilustración; si es este calendario rey, acerca del cual ha dicho un autorizadísimo periódico de Berlín (el Magazin, fuer die Literatur des Auslandes): «Entre todos los almanaques que han sido remitidos a esta redacción en el presente año, no hay ninguno que aventaje al publicado por La Ilustración, Española y Americana, de Madrid, no solo por su elegante forma, sino por lo selecto de su contenido...»; si es, en suma, el mismo, mismísimo almanaque en que tengo la inmerecida honra de escribir estos mal pergeñados renglones, entonces... ¡oh! entonces raya en sacrílega y escandalosa la ingratitud de la generación actual, al no rendir un homenaje de veneración y reconocimiento a los varones ilustres (¡yo soy uno!) que publicaron en España el primer almanaque ilustrado.

Reivindicar tan pura gloria; distribuirla equitativamente entre los dignos patricios a quienes corresponda; referir cómo y cuándo y por qué se llevó a término aquella alta empresa, es la tarea que me propongo desempeñar en el día de hoy, contando para ello con la indulgente y fina atención de mis antiguos amigos los lectores. Entro, pues, en materia sin más requilorios.

III

Antiguamente (quiero decir, hace veinticinco años) no había, ni podía haber en España, más que un almanaque; como no había, ni hoy sigue habiendo, más que una Gaceta Oficial. Redactábalo el Observatorio Astronómico de San Fernando; publicábalo el Gobierno, mediante subasta en forma; producía al Estado, por término medio, 180.000 reales, y había obligación de venderlo a dos cuartos (entonces no se contaba por perros) en toda la Península e Islas adyacentes. Las posesiones de Ultramar no sé cómo se regían en este punto. Supongo que por leyes especiales.

Constaba el almanaque de 16 páginas en octavo, impresas a dos columnas sobre un papel moreno y estoposo, que bien podía confundirse con el papel de estraza. No tenía cubierta. La primera hoja contenía: por un lado la portada, y por el otro todo lo referente al cómputo, a las témporas, a las fiestas movibles, a los días en que se saca ánima, etc. La segunda hoja ostentaba en su primera página el infalible Juicio del año, que era chistosa lección de Mitología y Astrología, en romance octosílabo, terminada con el indispensable, y aun hoy usual, DIOS SOBRE TODO, y en la página posterior leíanse curiosas noticias sobre los signos del Zodiaco, la creación del mundo, el diluvio universal, la venida de los moros, la promulgación de la Constitución y demás cosas de importancia. Las seis hojas restantes estaban destinadas al santoral, a las ferias, a las galas con uniforme, y a las fases de la Luna; estas últimas, con su pronóstico meteorológico oficial. Finalmente, los días de Misa (que entonces eran muchos más que ahora) traían mano:

He aquí todo lo que encerraba el único almanaque existente y posible al lado acá de los Pirineos, aun en aquellos días (diebus illis) en que, terminada la ominosa endécada, y triunfante la Revolución de 1854, deslizábanse alegremente por la montaña rusa del tiempo los dos divertidísimos años que, por antonomasia, se llaman todavía el bienio.

Otros se quejen de él... Pero los que entonces penetrábamos por las puertas de la juventud cantando el himno de Riego y hasta la Marsellesa, sin perjuicio de frecuentar de noche tertulias muy polacas; los que entonces «no temíamos ni debíamos», como suele decirse, y solo buscábamos en las cosas el lado artístico o poético, ya fuese trágico, ya cómico, muy más ganosos de llorar o de reír todos los días que de la paz y la prosperidad pública;

nosotros recordaremos siempre con amor aquellas circunstancias, aunque no sea más que por la sencilla razón de que no se vive dos veces...

Llegó, pues, muy en buen hora (tornando a nuestro asunto) el memorable 2 de julio de 1855, y las Cortes Constituyentes oyeron leer con gran complacencia (entonces se complacía la gente con facilidad) una proposición de ley, suscrita por dos celosos diputados, que hubo al cabo de convertirse, no sin dar antes ocasión a prolijos debates, en la siguiente Ley del reino, promulgada el 28 de noviembre del mismo año:

«Artículo 1.º La confección e impresión de los Calendarios serán libres en toda España desde el año inmediato de 1856, con sujeción a las leyes de Imprenta.

«Art. 2.º Sin embargo de lo dispuesto en el artículo anterior, todos los editores de 19 Calendarios están obligados a consignar en ellos las observaciones astronómicas del Observatorio Nacional, el cual las publicará al efecto en el mes de septiembre del año anterior al que aquellas correspondan.»

¡Qué estilo! ¡Qué corrección! ¡Y qué corrección de estilo!

Empeñada y solemne por todo extremo fue la discusión de tan grave asunto, que ocupó varios días a aquella Asamblea soberana; pero mucho más interesante que los discursos allí pronunciados resultó la lectura dada, a petición de la izquierda, de una Exposición dirigida a las Cortes por algunos buenos liberales, en la cual (¡aún me parece estarlo oyendo!) se decían cosas tan patéticas y conmovedoras como las siguientes..., que copio, al pie de la letra, del Diario de Sesiones de aquel inolvidable día:

«Los infrascritos han visto con el más profundo dolor que se anuncia nuevamente en España el privilegio exclusivo para la publicación del Calendario.

»Este corto libro es el más terrible elemento con que ha contado siempre el genio del mal para mantener sumidos los pueblos en la ignorancia. Se imprimen anualmente y se venden en toda España más de dos millones de ejemplares. Es el único libro que todo el mundo compra. Y ¿para qué sirve? ¿Qué nociones difunde? ¿Qué descubrimientos, qué inventos son los que populariza? ¿Cuál es la instrucción que le debemos y los consejos que da a las familias?... » Principia el calendario mofándose de todas las obras de Dios. Los astros, en boca del poeta, no son más que un objeto de risa: la creación no despierta en su pecho ningún sentimiento generoso. ¿Qué enseñamiento nos da para cada día del año? Una árida nomenclatura, incompleta e inexacta, y una serie de extrañas y soñadas profecías sobre el buen o mal tiempo. ¿Faltan acaso recuerdos históricos en nuestra patria para cada día del año? ¿No tenemos glorias para llenar las páginas de un calendario?

...

»¡Cese ese exclusivismo injusto, opresor e innoble! ¡Pues qué! ¿Es acaso un secreto la confección de un calendario, y es justo dar privilegio exclusivo para decirnos que en el verano hace calor y en el invierno frío? ¿Hasta cuándo durará entre nosotros semejante contrasentido? ¿Hasta cuándo (¡Cicerón puro!) una nación que proclama por principio la emisión libre del pensamiento monopolizará y estancará en la práctica las únicas publicaciones verdaderamente populares?

»Los infrascritos, pues, piden encarecidamente a las Cortes un remedio para este grave mal, que paraliza el desarrollo de la instrucción en España, que se opone al principio proclamado de libertad de Imprenta, y que es una rémora para la civilización...» (Siguen las firmas)

Tan sentidos acentos, que causarían risa a los escépticos políticos de ahora, no pudieron menos de conmover a aquellos insignes legisladores, y atrévome a asegurar que semejante emoción entró por mucho para que fuese tomado en consideración el proyecto de ley, en apoyo del cual uno de sus autores proclamó, lleno de noble ira, que el odioso privilegio databa de tiempo de Godoy; que el Gobierno vendía tres millones de ejemplares de su Almanaque, y que éste «no contenía más que unas ridículas profecías y un juicio mucho más ridículo todavía del año, sin que luego aparezca en él otra cosa más que si es tal día San Crispín, el otro San Pedro o San Pascasio...»

Tomado en consideración el asunto, diose cuenta de la muerte, por enfermedad, de Lord Raglan, delante de los muros de Sebastopol, y las Cortes acordaron declarar «que la habían oído con el más profundo sentimiento...» Pero este otro acuerdo no tiene nada que ver con el presente artículo, bien que sirva como nuevo testimonio de la exquisita y oportuna sensibilidad de aquellos eruditísimos Padres de la Patria, dado que Lord Raglan había sido en su juventud nada menos que Secretario de Lord Wellington durante aquella denominada guerra de la Independencia española, en que los ingleses no nos devolvieron a Gibraltar... Tornemos, pues, a nuestros calendarios, dejando para otro día el hablar seriamente de este maldito Peñón, que debiera quitar o disminuir el sueño a todos los partidos políticos españoles, si hubiera verdadero orgullo en esta tierra, o cementerio, de los Bazanes y Gravinas!...

IV

Desamortizado, desvinculado, manumitido el almanaque, no era cosa de que nosotros, los escritores y artistas que, a fuer de mozos, nos fogueábamos entonces en la vanguardia de la cultura y de la moda, dejásemos de publicar un Almanaque ilustrado para el año de 1856, por el estilo de aquéllos que solían llegarnos de París y de otros pueblos finos. ¡Había, sí, que ejecutar prácticamente la civilizadora ley recién decretada por nuestras Cortes, a fin de que la Nación entrase desde luego en el disfrute de los grandes adelantamientos morales e intelectuales que se habían anunciado desde la tribuna política como consecuencia forzosa de la libertad del Almanaque!...

Pero ¿de qué manera llenar nuestra sagrada misión? ¡Faltaba solo un mes para el comienzo del año nuevo! ¡No teníamos nada pensado, escrito ni dibujado; ni editor que cargase con el negocio; ni dinero para realizarlo por nosotros mismos!

Doce éramos los escritores y tres los dibujantes decididos a la empresa. De los doce escritores han muerto ya seis, a saber: Agustín Bonnat, Antonio Flores, Luís Eguílaz, Narciso Serra, José Joaquín Villanueva y Javier Ramírez. Los que aun vivimos (si puede llamarse vida la vejez, con sus canas, sus calvas, sus desengaños, sus hinchazones o gorduras, y otros achaques y cuidados que no hay para qué enumerar) somos Vicente Barrantes, Enrique Cisneros, Manuel del Palacio, Ivon (José Fernández Jiménez), Rafael García Santisteban y mi humilde persona. Los artistas se llamaban Bande (cuya muerte, ocurrida muy luego, fue irreparable desgracia para la pintura), Cecilio Pizarro, digno también de mejores destinos, y Ricardo Ribera, a quien he podido citar a la vez entre los escritores, supuesto que entonces hacía a pluma y a pelo, como solíamos decirle, llenos de admiración por sus dibujos y por sus epigramas..., y que también ha muerto, según acaban de decirme.

Continuemos. Estábamos ya a 12 de diciembre, y aún no habíamos arbitrado medio alguno de ejecutar nuestro designio... ¡La desesperación nos roía el alma, como debió de roérsela al ilustre genovés cuando no encontraba quien le proporcionase cuatro tablas y unas varas de lona con que descubrir un nuevo mundo!...

En tal situación, presentósenos aquella mañana, como llovido del cielo, en el café Suizo, que era nuestro Parnaso, un queridísimo camarada de letras, a quien solíamos verde tarde en tarde, por estar ya casado, aunque tenía nuestra misma edad (y que hoy es más viejo que todos nosotros, pues que llora la muerte de la dulce compañera de su vida...); presentósenos, digo, Eduardo Gasset y Artime, que no era todavía millonario, ni mucho menos, y nos dirigió la siguiente interpelación, arenga o como quiera llamarse:

Muchachos: estamos a 12... ¿Os atrevéis a que hagamos, para el 20, un Calendario de doscientas páginas, en prosa y verso, con sus correspondientes caricaturas? ¡Tengo editor! ¡Suya será la responsabilidad! ¡Nuestra la gloria! En cuanto a ganancias materiales, estoy autorizado para ofreceros, y ofrecerme, un gran festín con champagne y todo...

—¡Viva Gasset! —fue nuestra contestación.

E inmediatamente buscamos a los compañeros que no estaban allí en aquel instante, y pusimos manos a la obra.

Diez días después la obra estaba escrita, impresa y encuadernada.

El editor perdió en el negocio; pues su objeto era regalar, como regaló, el Almanaque a los suscritores de no sé qué Semanario, y el Semanario murió al poco tiempo, no obstante tan espléndido regalo... Pero nosotros habíamos hecho un libro delicioso (menos mi parte), lleno de gracia, originalidad y humorismo, en que se iniciaron muchas travesuras literarias desconocidas hasta entonces en nuestro país, y que, si no correspondió a las esperanzas y pronósticos de las Cortes Constituyentes, nos divirtió muchísimo a los mismos que lo redactamos y a todas las personas de buen gusto.

Pusímosle por nombre ALMANAQUE-ÓMNIBUS, y sus fábulas, sus recetas, sus novelillas, sus máximas supra-morales, sus bufonadas de todo género, fueron copiadas por la imprenta periódica, pasaron al caudal de los chascarrillos populares, grabáronse indeleblemente en la memoria del público, y aun hoy, después de tanto como ha progresado la almanaquería, son imitadas en cuantos calendarios y periódicos festivos se imprimen en lengua española...

¡Loor eterno, pues, a los autores de aquella obra inmortal! ¡Inmortal, sí, por sus resultados y derivaciones, aunque haya sido olvidada en sí misma! ¡Loor eterno a los fundadores de los Almanaques ilustrados de la antigua Hesperia!... Y cuando hojeéis éste que anualmente publica LA ILUSTRACIÓN ESPAÑOLA Y AMERICANA; cuando hayáis admirado todos los prodigios literarios y artísticos, pagados a peso de oro, que sus páginas contienen y que le dan universal renombre; cuando os solacéis con tantos otros amenísimos calendarios científicos o jocosos, estadísticos o poéticos, administrativos o morales, políticos o amatorios, como aparecen cada año en Madrid y en provincias, tributad un sufragio de amor y de respeto a la memoria del ALMANAQUE-ÓMNIBUS!

Revista de Madrid

En Dios y mi ánima (suple te juro), lector amigo, que menos mal me estuviera hacer rostro a luteranos de Flandes o rebeldes de Cataluña, tal y como,
dando celos a Minerva con Palas, bien que ambas deidades sean una en
esencia y ninguna en persona, acostumbra y suele nuestro insigne don
Pedro Calderón, que verme a mis años (treinta y ocho) en el duro aprieto de
tener que cambiar de retórica y lenguaje, para escribir en el tono ramplón
y callejero estilo propios del caso, esto que malas lenguas dicen llamarse
FOLLETÍN o REVISTA, y que ha de ser, a lo que entiendo, parte baja de
otro papel mucho mayor, denominado PERIÓDICO. Stelle cadent de caelo,
deberían exclamar los españoles, al ver la legión de cometas que les amenaza, y pronosticar por ende el fin del mundo, si lo de cometa no hubiere
de tomarse aquí en femenino, como figura, tropo y representación de las
que pilluelos y ociosos remontan par las tardes en los arrabales y cerretes
de Santa Cruz y Atocha.

Todo esto quiere decir, hablando en plata, que yo, el Joseph Camerino
que, por arte de encantamiento y contra su gusto, firmará más abajo, como
autor de la crónica de lo acaecido y por acaecer en Madrid durante el actual mes de mayo de 1641, maldito si he trabajado nunca en periódicos ni
folletines, cosa no vista en España hasta de presente, bien que los haya en
Flandes desde 1605, en Alemania desde 1616, en Inglaterra desde 1619, en
Italia desde 1622 y hasta en la atrasadísima Francia desde 1631. Boletines
sueltos, o sea hojas impresas en que se refería alguna que otra novedad
extraordinaria, sí han corrido de vez en cuando por España y aun por sus
Indias, y entre ellos puede citarse aquel que, en 1599, describió la «Entrada
que los Reyes hicieron en Madrid, de vuelta de su casamiento»; pero tales
papeles, inocentísimos de suyo, no deben confundirse con las verdaderas,
aunque muy mendaces, gacetas periódicas que ven la luz en los mencionados pueblos extranjeros, ni tan siquiera con aquellos Hechos del día (Acta
Diurna) del Senado y Pueblo romano, que julio César divulgaba, a falta de
letras de molde, haciéndolos copiar por miles de escribientes... Mas, como
quiera que sea, y volviendo a mi asunto, repito que yo no he sido jamás
periodista (supongo que se dirá así), ni me he propasado nunca a relatar
hechos ciertos y positivos, achaque propio de husmeadores como Cabrera

y mi amigo Pellicer, a quienes mucho siento tener que imitar hoy. Yo he sido siempre novelador, o novelista, que dirán otros: yo soy aquel mismo Joseph Camerino, de nación italiano, pero español por el habla y por la musa y madrileño de vida y costumbres, que, cuando apenas le apuntaba el bozo, en 1624, escribió las doce Novelas amorosas que tanto celebraron el gran Lope de Vega, Espinel y Guillén de Castro (hoy ya difuntos), y acerca de las cuales dijo el pobre Alarcón, a quien también enterramos hace veinte y dos meses:

> Fuera mi musa dichosa
> si igualara a vuestra prosa
> con su verso castellano.

Esclarecidos estos puntos, para que se me perdonen las muchas faltas que cometeré al escribir en materia y lenguaje periodísticos, tan poco adecuados a las de concepto, lógica y dicción laberínticas travesuras que, Dédalo en el construir y Minotauro en el dificultar, venturosamente aprendí luego (Antecristo en suma de sandeces de Mecenas y de prontitudes de facilísimos vates) del cordobés Teseo don Luís de Góngora, por quien Ariadna comparte hoy con Apolo múrices del Pindo y cetros del Parnaso, entro a desempeñar mi nuevo oficio de folletinista en el ruin estilo que dentro de casa todos hablamos y cualquiera entiende, pero en que nunca deben escribir los doctores, si no quieren que de puro claros e inteligibles se les confunda con los ignorantes.

Comenzaré mi tarea saludando al Sol (entiéndase que hablo del rubicundo Febo), quien, al cabo de muchos meses de pertinaces lluvias, campa ya por un cielo limpio de nubes, derramando sobre nuestra zona todas las bendiciones de la Primavera.

Los que, como yo, tienen entrada franca en el Buen Retiro, sabrán que este año, 1641 de la Era cristiana, hay también en el mundo flores, y verde follaje, y embriones de frutas, al modo y manera que en muchas casas de la villa no faltarán nuevas mozas de quince abriles que reemplacen a las bellas de cierta edad que se hayan secado el último diciembre. Menos fácil será remediar los estragos que en el Palacio de aquel Real Sitio causó el incendio de hace tres meses; bien que todo quepa en lo posible, si el Cuarto Filipo, o

Cuarto Planeta, pone empeño en ello, y vienen pronto los galeones que se aguardan de Indias; que nada importarán algunos millones de ducados más o menos, cuando tantos se tiran en guerras tan inútiles como la de Flandes.

La gente llana ha comenzado también a disfrutar de la primavera en el Prado de San Jerónimo, hoy cubierto de alfalfa y otras hierbecillas, entre las que no es raro ver alguna flor silvestre, como señal de que nos hallamos en la estación del amor. Adonde no se puede ir todavía es a las Alamedas del Río, llenas de humedad; pero a bien que faltan aún dos semanas para la verbena de San Antonio. Dícese que este año la Real Familia y toda la Nobleza pasarán la velada del 12 de junio en aquellos deleitables bosques, donde, al efecto, se levantarán algunas tiendas de campaña, y que SS. MM. regalarán a las damas de su corte, y a otras personas, graciosos bolsillos de ámbar, si no llenos de escudos, como hace cuatro años en las grandes fiestas del Buen Retiro, llenos de anises, almendras y otras golosinas.

Nihil agit exemplum, litem quod iste resolvit, dijo Horacio, y esto ha pasado con la victoria del Sol, que nos ha traído el inconveniente de que en los Corrales del Príncipe y de la Cruz haga ya un calor insoportable; por lo que bueno sería que las comedias principiasen ahora a las cinco, y no a las cuatro, o que las compañías de farsantes, en lugar de reservarse las noches para representar en casa de los duques y marqueses y dedicar las tardes al público, dedicaran las noches al público y las tardes a los Nobles, cuyas casas son más frescas que nuestros Corrales.

Se objetará que tal mudanza iría en contra de lo que preceptúan la Real Cédula de 1603 y su Reformación de 1615, fijas en las tablillas de los teatros; pero bien pudieran infringirse en esto sus cánones, como se infringen en otras cosas. V. gr.: Dicen las Reales Cédulas, que en Madrid solo podrá haber dos compañías de cómicos, y sabido es que casi siempre hay cuatro, menos ahora que hay cinco, originándose de aquí la mala vergüenza de que, como tienen que representar alternativamente en dichos dos Corrales, por no haber otros, ocurren frecuentes reyertas y voceríos entre las damas y galanes de cada empresa, sobre hurto de afeites, de peluquines y de otros aderezos que se dejan olvidados en el vestuario común, dando con ello mucho que hacer al Juez protector de Teatros y Hospitales.

También está mandado que las comediantas no se vistan de hombre, ni los comediantes de mujer, por considerarse deshonestos y hasta sacrílegos tales cambios; y Dios me perdone si no era un muchachazo de pelo en pecho quien representaba hace pocas tardes el papel de la criada Silvia en la comedia de don Pedro Calderón Casa con dos puertas. Parécenos que las compañías de Sansón, La Rosa, Íñigo, Jusepe y Góngora y Velasco podrían haber habilitado una graciosa que hiciese de Silvia, en vez de contribuir con sus piques y desavenencias a semejante escándalo.

No estuviera tampoco demás que se pusiese mano en lo de los precios. Prescindiré de la subida que han tenido los aposentos y bancos, y, sobre todo, las celosías, por una de las cuales pagó ayer cien ducados el actual poseedor del de Medina de las Torres; pues quien pueda y quiera costearse ese lujo, con su pan se lo coma, y mal haya aquél que las celosías inventara, privándonos de la vista de tanta diosa como sabemos que acude a los Corrales desde que fue derogada la sarracena Ley de 1613... Pero lo que sí condenaré, por ser abuso que clama a los cielos, es que la entrada general, cuyo precio era cinco cuartos en tiempos de nuestros famosos comediantes Jerónima de Burgos, Jusepa Vaca, Baltasar de Pinedo, Antonio Granados y Melchor de León, se haya recargado hoy con los dos cuartos que hay que pagar al autor de la compañía en la primera puerta, con los tres que se exigen en la segunda y con otros cuatro que se hacen soltar al subir las gradas... ¡Total 13! ¡Esto es insufrible! ¡Bájese la tasa a lo que sea razón, y, de cualquier modo, cóbrese de una vez! ¡No se dé lugar con estas y con otras ruindades a que ingleses e italianos digan que en España todo se halla tan atrasado como en Francia o en Alemania!

Conque pasemos a otro asunto, que de éste ya hemos hablado bastante.

Mal hiciera yo en echarla de político, desde el piso bajo del llamado periódico, metiéndome a hablar de lo que pasa en Flandes y en el Rosellón (o, mejor dicho, de lo que ya ha pasado para no volver, pues tengo para mí que la pérdida de aquellos Estados es irremediable). Tampoco haría bien en discurrir un pobre novelador, injerto de folletinista, sobre las alteraciones y locuras de Cataluña y del Portugal, fáciles de componer, a mi juicio, por el parentesco natural y sagrado que une y unirá siempre a Castilla con aquellas mal aconsejadas tierras... Sin embargo, ¡diérame Dios la musa y donaire del famosísimo don Francisco de Quevedo, cargado hoy de hierros y de achaques en San Marcos de León, y pondría de oro y azul a los autores de tamañas desdichas, aunque Su Maximidad el conde duque de Olivares me condenase también a prisión perpetua! Pero, no queriendo conocer el otro peligro, en que perecen tantos, de decir majaderías propias al criticar las ajenas, aténgome a la máxima del inmortal Cervantes, de que «al buen callar llaman Sancho», y prosigo mi crónica de costumbres.

Con el buen tiempo, principian a llegar a la Corte aquellas personas principales de provincias que nos visitan todos los años por las verbenas. Hace tres días tuve la alta honra de saludar, a la puerta de la iglesia de las monjas de San Basilio, a los ilustres condes de Santa Coloma, recién venidos de Granada, los cuales, gracias al buen estado de los caminos, recompuestos para este caso con dinero de SS. EE., han hecho un viaje cómodo y feliz, tardando menos de dos semanas. Mas, para viaje rápido, el de un correo que acaba de llegar de Santander, corriendo la posta, con pliegos de Inglaterra para el conde duque: ¡tres días nada más ha tardado desde las orillas del Cantábrico hasta las del Manzanares; lo cual le ha consentido traer, para SS. MM. y para el Primer Ministro, pescado fresco, que, por bondad del mayordomo mayor de Palacio, hemos probado también algunos poetas! El pescado fresco, es una especie de bacalao blando, y tiene un comer muy semejante al de los peces del Jarama o al de las truchas del Balsain, bien que varíe algo su sabor, según que se trata de salmones, de merluzas, o de otras familias marinas. ¡Lástima grande que Madrid no sea puerto de mar!

Las fiestas de San Isidro no han desmerecido este año de lo que suelen ser, por más que en ellas se haya echado de menos, como siempre, el prometido fruto de la Junta de Reformación de costumbres, creada hace mucho tiempo por el de Olivares. Quiero decir con esto, que algunos señores llevaban encajes y oro en su vestimenta; que la gente baja ha bebido más rosoli y pardillo del que convenía al público decoro, y que alguaciles y corchetes se han visto negros para tener a raya a, los que nuestro gran Quevedo llamaba caballeros ebenes, güeros, chanflones, chirles, traspillados y canimos.

Los Toros han estado poco lucidos. Torearon por la mañana los caballeros, y por la tarde los de a pie. SS. MM. honraban la función con su real presencia.

De la comedia nueva de Calderón, Mañanas de abril y mayo, hablará mejor pluma en su lugar correspondiente. Tócame a mí, en cambio, anunciar que pasado mañana a la tarde, y por vía de estrambote a las fiestas de San Isidro, se representarán dos autos de don Francisco Roxas, otro de Luís Vélez de Guevara y otro del doctor Mira de Amescua, arcediano de Guadix; todos ellos en carros, haciendo parada delante del Palacio Real y de los Consejos de Castilla, Aragón, la Inquisición y las Órdenes. Por cierto que el Comisario de autos del Regimiento de la Villa ha enmendado el del esclarecido autor de García del Castañar, estropeándolo lastimosamente, y mandando, entre otras rarezas, que la Muerte use unos guantes muy largos.

¡Bien podía el Regimiento, principiando por el señor Corregidor, don Juan Ramírez Freile de Arellano, y concluyendo por el Comisionado de autos supradicho, dedicar su tiempo a más útiles tareas! Exempli gratia: deberían regir y corregir el empedrado de las calles, para que no se repitiese el caso de estos días, de haber tenido el Cura y feligreses de San Martín que componer a su costa el piso de aquel barrio, más atentos por de pronto a la salvación temporal que a la eterna.

Y asimismo fuera de agradecer que inventasen algún modo de alumbrar de noche las calles principales de esta Corte de ambos mundos; lo cual podría hacerse, como diz que se acostumbra en la capital de Dinamarca, poniendo en las esquinas unos farolones muy grandes, con sus candilejas llenas de aceite; bien que, por respetos divinos y humanos, se apagasen en nuestra católica villa y corte a la hora de la queda.

Demos ahora una vuelta por las gradas de San Felipe y por el Mentidero, donde no todos los días ni a todas horas se miente. En una y otra parte he recogido algunas curiosas noticias, ora de labios del incansable Pellicer, que ya las había apuntado para sus Avisos históricos, ora prestando oído a las conversaciones de tanto y tanto desocupado como vive de los cuidados ajenos.

Anúnciase una boda que ha de ser muy festejada con limosnas secretas y cucañas publicas. Todavía no debo citar los nombres de los contrayentes. Diré tan solo que se trata del enlace, por amor y conveniencia juntamente, de cierto conde aragonés, recién llegado a la mayor edad, cuyo difunto padre estuvo a las órdenes del inolvidable marqués de Spínola en el sitio de

Breda y era muy dado a la relojería, con la hija segunda del tercer matrimonio de un marqués andaluz que perdió el ojo izquierdo en las últimas fiestas reales y cuya actual esposa tiene grande afición a las riñas de gallos. No puedo ser más claro por hoy.

En cuanto a profesiones, hablaré de dos, a cual más notables.

Hace pocos días tomó el velo en las Descalzas una linda hija del Vizconde del Puerto, primer Caballerizo de S. M., con asistencia de la Real Familia, de la Corte y de la Nobleza, habiendo llamado mucho la atención el regreso a Palacio de tan ilustre comitiva, después de las nueve de la noche, entre centenares de antorchas y otras luminarias, a cuyo esplendor relucían como ascuas de oro las carrozas y literas de nuestros Reyes y de su acompañamiento. Doña Catalina de Vargas, que así se llamaba en el siglo la nueva monja, ha renunciado a las vanidades del mundo por natural vocación y con la más santa alegría.

No sabemos si cabrá decir lo propio del famosísimo abogado don Gabriel de Moncada, que recientemente ha tomado el hábito de capuchino. Nadie explica las causas de tan imprevista determinación.

Lo que no necesita explicación alguna es el lance ocurrido en la huerta de otro convento, según que acaba de contarme el misino Pellicer. Domingo Sánchez, hortelano del Monasterio de doña María de Aragón, tenía hecho por sí y ante sí voto de castidad, lo cual había dicho a varias personas y no sabemos si demostrado en algún trance peligroso. Así vivía el buen hombre, cuando de pronto se enamoró de una hija de Eva, hasta el extremo de resolver unirse a ella en matrimonio; y, estando ya próximo el día de la boda, hace tres noches que el diablo lo sacó de la cama, y en poco más lo mata a golpes con un palo. El jardinero se halla hoy curándose del cuerpo y del alma en San Joaquín de los Premonstratenses, donde lo pueden ver cuantos pongan en duda tan raro caso. Anoche estuvo a visitarlo, por encargo de SS. MM., el célebre doctor Palencia, médico de cámara de la Emperatriz María, y asegura que, en efecto, el pobre Domingo tiene señales de haber recibido una gran paliza; pero que no cabe afirmar si los golpes han sido de mano de diablo o de mano de mujer, pues los chichones y cardenales en cuestión se parecen a todos los conocidos hasta ahora.

También se hablaba mucho en las gradas de San Felipe del viaje del marqués de Villafranca, quien ha salido a aventurarse y perderse en busca del Arzobispo de Burdeos, por lo cual ha dejado hecho su testamento. Son palabras terminantes de Pellicer. En cuanto a mí, no me atrevo a decir más en tan grave asunto, por respetos al sagrado carácter del belicoso Arzobispo.

Tengo aún que dar noticia de otro suceso muy desagradable. El aplaudido poeta dramático don Pedro Rosete Niño fue manteado ayer en mitad de una calle por algunas gentes de mala vida, que vindicaron de este modo a rufianes, matones y mozas de partido de las merecidas censuras que aquel ingenio les ha enderezado en su reciente comedia-revista Madrid por de dentro. De esperar es que la justicia ponga mano en este negocio, o, mejor dicho, en los autores y fautores de tamaño desmán.

Concluiré con una buena noticia: Anúnciase otra Academia o justa literaria, como las que solía haber hace algunos años. Huélgome en ello; pues si es verdad que los poetas que hoy más bullen, Matos Fragoso, Cáncer, Coello, Montero y el mencionado Rosete Niño, no podrán suplir el hueco que han dejado en nuestro Parnaso Lope de Vega, Montalbán y Alarcón (ya difuntos), Tirso de Molina (viejo y dedicado a Dios y a su alma) y el gran Quevedo (cautivo y achacoso), todavía tenemos de reserva al insigne don Pedro de Calderón, a Rioja, a Mira de Amescua, a Roxas, a Saavedra Fajardo y al adelantado mozo don Agustín Moreto, que a la edad de veintiún años es ya orgullo y regocijo de las Musas.

Y con esto, lector, no te canso más.

JOSÉ CAMERINO.

Por copia,

Pedro Antonio de Alarcón.

En el álbum histórico del segundo Centenario de Calderón

Mi mayor júbilo, el día del Centenario de Calderón, consistirá en imaginarme que el insigne poeta tiene noticia de su apoteosis, baja en espíritu a Madrid, anda entre nosotros, presencia todos los festejos, y responde con lágrimas de gratitud a nuestras aclamaciones de entusiasmo. ¿Qué le valdrían, sin esto, los honores que va a tributarle el mundo?

Para el libro conmemorativo del Centenario de Andrés Bello. Celebrado en Caracas en 29 de noviembre de 1881

La nacionalidad literaria española comprende todas las tierras en que se habla la lengua castellana y en que fueron y siguen siendo maestros y dechados del buen decir los grandes escritores de la Península ibérica, desde Cervantes, fray Luís de León y Lope de Vega, hasta Fígaro, Hartzenbusch y López de Ayala.

Por eso la glorificación del insigne poeta venezolano Andrés Bello, príncipe de los ingenios de la América latina, no es para nosotros, los que aún nos llamamos españoles, una solemnidad extranjera, sino una fiesta nacional, a que nos asociamos con tanto orgullo como regocijo, cual si se tratara de la apoteosis de un vate de Andalucía o de Navarra, de Galicia o de Cataluña.

La inmortalidad de los pueblos. Para el libro conmemorativo del Centenario de Camoens en 1880

Los pueblos poetas no mueren nunca. Al cabo de tantos siglos de haberse derrumbado como entidades geográficas los dos grandes Imperios de la Gentilidad, y con ellos sus instituciones, sus leyes, sus costumbres, hasta sus dioses, la Grecia pagana sigue viviendo, llena de majestad y gloria, en la Iliada de Homero, en la Venus de Milo y en los bajo-relieves del Partenón, así como la Roma de los Césares da todavía leyes al asombrado mundo en la Eneida de Virgilio, en las ruinas del Coliseo y en las pinturas, bronces y barros de Pompeya. Del propio modo, y por muchos cambios que las guerras o las revoluciones hagan en el mapa de los Estados europeos, Dante Alighieri tenderá siempre sobre imperios y repúblicas el cetro augusto de Italia, Cervantes el de España, Shakespeare el de Inglaterra, Goethe el de Alemania, Mickiéwicz el de Polonia...

La nación que no se infunde y personifica en maravillosas obras de arte, la que no lega a la contemplación y reverencia del género humano su propia alma, su propio ser, su propia inspiración, encarnada en perdurables creaciones poéticas, muere total y definitivamente tan luego como deja de ser organismo político, sin que su nombre (escrito en la historia como un epitafio) despierte ya nunca veneración ni envidia, por cuanto no representa nada ideal, nada eterno, nada que sobreviva y reine en la sucesión de las edades. Sirva de ejemplo Cartago.

PORTUGAL, la generosa patria de don Enrique el Navegante, de Bartolomé Díaz, de Vasco de Gama y de tantos otros varones ilustres, existirá perpetuamente en el amor y la admiración de los hombres, por haber dado vida a un cantor inmortal, digno de sus altas empresas; por hallarse idealizado todo un pueblo en las imperecederas figuras de Os Lusiadas; por estar escritos en portugués los monumentales versos de CAMOENS.

Del suicidio. Carta escrita por el señor Alarcón a dos literatos que le pidieron versos para una CORONA POÉTICA en honor del malogrado vate • • •, el cual se había dado la muerte pocos días antes

Mis distinguidos compañeros: Agradezco a ustedes profundamente su cariñosa carta, en que, a vuelta de otros elogios, que solo debo a su bondad, hacen justicia a mi único título literario, o sea al incansable amor que profeso a cuantos cultivan las bellas letras, sobre todo si es para regocijo de las Musas, como acontece con ustedes. Dicho esto, les suplico me releven de escribir los versos que tan encarecidamente me piden. Es más: si ustedes me lo tolerasen, les aconsejaría que no publicaran la Corona poética que traen entre manos.

¿A qué ni para qué tal Corona? ¡Cantemos a los que tengan paciencia y perseverancia para sobrellevar las tribulaciones de la vida; no a los que huyen; no a los que desertan; no a los que dan a sus prójimos el grito del pánico y de la derrota! No; no hagamos, cien años después de Goethe y de Rousseau, la sacrílega apoteosis del suicidio. El suicidio pudo estar de moda entre las gentes que viven la vida del alma, allá en los febriles días del romanticismo; pero hoy ha sido ya relegado al uso exclusivo de los comerciantes que quiebran, de los jugadores que pierden lo suyo y lo ajeno, de los ladrones de frac cogidos infraganti, y de todos los que, para decirlo genéricamente, no viven otra vida que la de la materia, cuyo dispensador y regulador es el dinero.

Dedúcese de aquí que el poeta • • • ha cometido un anacronismo suicidándose en 1876, y ha bajado del nivel de Larra y de Gerard de Nerval, en que imaginó colocarse, al nivel de los prosaicos suicidas de estos tiempos. ¡Desconocía sin duda ese infortunado joven, que hoy, entre los hombres de inteligencia, o sea en la esfera del idealismo moderno, sabiamente basado sobre la moral, no se estila ya inmolarse en aras de sí propio, como los antiguos degollaban tal o cual víctima en aras de un dios; sino que ha vuelto a ser más lucido sacrificarse en aras del prójimo, padecer para que otros no padezcan, y ser feliz con la dicha que se proporciona a los demás! ¡Ignoraba, sin duda, que amarse a sí mismos hasta la muerte, mortem autem crucis, es un crimen y una ridiculez, y que amar a los hombres hasta el extremo de morir por ellos, como hizo Jesús, es y será eternamente heroico!

Lloremos, pues, cuanto ustedes quieran a ese pobre • • •, a quien siento no haber conocido; compadezcamos su flaqueza; deploremos su cobardía, que le ha costado la vida; consolemos a los seres que haya abandonado y afligido al matarse en provecho propio; ayudemos, si es necesario y posible, a los que haya dejado sin amparo; pidamos, en fin, cristianamente (si no tienen ustedes reparo en ello) por el alma del sin ventura; pero guardemos las coronas cívicas, los aplausos y los versos para aquellos esforzados jóvenes (principiando por ustedes) que no sigan el triste ejemplo del desertor, o para la tumba del insigne y valeroso Becquer, que murió de hambre y de tristeza, abrazado a su arpa, sin ser osado a poner mano parricida sobre el tesoro de genio y de virtud que para algo había recibido del cielo! ¡Todo, amigos míos, menos exaltar y divinizar la desesperación! ¡Todo, menos sancionar con un homenaje público el atentado de ese mísero, que no ha vacilado en desgarrar muchos corazones con tal de librarse a sí propio (¡oh cruel egoísmo!) de su parte de dolor y amargura en este valle de lágrimas!

Crean ustedes a quien también ha sido joven y ha pasado por cuantas pruebas haya podido y no podido pasar • • •: crean ustedes a un hombre de quien, hace veinte años, en una misma semana, dijeron el marqués de Molins y Eulogio Florentino Sanz: «¡Este muchacho tendrá el desenlace de Larra!» «¡Este chico tiene cara de suicida!»: crean ustedes a un viejo que, después de grandes batallas con el mundo y consigo mismo, ha deducido una verdad, que constituye toda su dicha, todo su consuelo, toda su fuerza; aquella gran verdad de que «para ser feliz, basta resignarse a no serlo»; verdad que, en sustancia, está contenida, como todas las del orden moral, en la filosofía del Evangelio: y, por resultas de cuanto les he dicho, no publiquen ustedes la Corona poética!

Conque perdónenme tan larga homilía, y dispongan de la amistad que con este motivo les ofrece su atento servidor,

Q. S. M B.

P. A. DE ALARCÓN.

Madrid 3 de julio de 1876.

Bellas artes

Los tres artículos que van a continuación sirvieron respectivamente de prólogo a tres series de Revistas de las obras de PINTURA, ESCULTURA Y ARQUITECTURA presentadas en la Exposición de Bellas Artes de 1858. Desde entonces hasta hoy, ¡cuántos insignes artistas han brillado en el cielo de la Patria, realizando las esperanzas y pronósticos que contienen estos artículos!

(Nota de 1883)

Pintura

«Desde luego vemos con gusto que los pintores entran en el buen camino, emancipándose de añejas prácticas y confiando en su propio espíritu...

»...Los culteranismos son las supersticiones del arte.»

Así escribíamos hace dos años en las columnas de La Discusión, al examinar las obras de pintura presentadas en la Exposición de 1856.

¡Con cuánta más razón podemos repetir hoy estas palabras! ¡Hoy, que lo que entonces era un deseo es ya casi realidad; hoy, que nuestras aspiraciones se han cumplido en mucho mayor escala que podíamos prometernos; hoy, que al abrirse al público la Exposición de pinturas, un general aplauso ha saludado la resurrección del arte español, del genio nacional, de aquel fuego divino que animó el pincel de Rivera, Velázquez y Goya!

Pasma, en efecto —y esta es la primera idea que acude a la imaginación al visitar las galerías de la Trinidad—, el asombroso progreso que ha hecho la Pintura en nuestra patria en estos dos últimos años; pasma asimismo la decisión, la valentía, la deliberada fe con que nuestros artistas han adelantado por la senda feliz en que aventuraron algunos pasos en 1856. Vese que no hay casualidad ni fortuna en lo que han conseguido, sino conciencia y sentimiento: vese que todos saben adonde van, y que todos van a un mismo punto, salvas ligerísimas excepciones, enamoradas de menos legítima gloria. Se comprenderá que tales excepciones son los clásicos.

Con todo: ni el estacionamiento de éstos, ni lo que digamos en elogio de alguna de sus obras, pueden quitar a la Exposición de 1858 sus caracteres de independencia, de espontaneidad, de españolismo: caracteres que, no solo la distinguen y colocan sobre todas las anteriores, sino que, como dijimos antes, señalan ya la época de nuestro renacimiento artístico y dejan entrever a la madre patria nuevos días de aquella gloria que más de una vez creyó desvanecida.

No se entienda por esto que en el ex convento de la Trinidad se ha exhibido una numerosa colección de obras magistrales, ni que ninguno de los expositores (exceptuando al señor Haes) deba creerse dispensado de aprender más. La presente Exposición, a nuestro juicio, es meramente una lisonjera esperanza, y no la admiramos tanto por lo que encierra como por lo que promete para en adelante.

Ya lo hemos indicado. Lo que más se revela en la Exposición de pinturas es un espíritu de independencia que, escapando de los antiguos dogmas, pugna por vivir de sí propio, sin recordarlos modelos convencionales del clasicismo, ni atenerse a una servil imitación de las obras consagradas por el tiempo. La novedad, la originalidad, la autenticidad del pensamiento luce por todas partes. Aun en los cuadros de menor importancia, aun en las más desgraciadas obras, échase de ver un obstinado afán de crear, de inventar, de componer, de deberse a sí mismo todas las alegrías del triunfo. Apenas hay lienzo en que no se revele esta fuerza generadora, más o menos feliz en su manifestación: unas veces la elección del asunto, otras la manera de verlo; aquí la disposición de las figuras, allí la inventiva en tipos y caracteres; en un lado el dibujo, en otro el color; pero siempre el mismo noble propósito de producir algo nuevo, algo propio, algo español.

Ni se limita a esto la importancia de la Exposición de la Trinidad en la época pictórica que atravesamos. Francia, la gran corruptora de todo lo bello, no contenta con inventar la literatura naturalista y la música materialista, dio en un día aciago la receta de la falsa Pintura. Desde entonces saltó por encima de los Alpes y de los Pirineos una inundación de cuadros de efecto, como suele decirse, destellando el brillo efímero y deslumbrador del doublé y de todo lo que tiene más de afeite que de real hermosura; secreto, entre paréntesis, que constituye todo el atractivo de las novelas y melodías, de las manufacturas y costumbres, de la política y hasta de los remedios sociales que salen a luz en el vecino imperio En tanto que esto sucedía con el color, y que en los dos grandes panteones de la Pintura (en Italia y en España) se olvidaban las más venerandas tradiciones por tan flamante y peregrina novedad, acontecía en toda Europa una cosa semejante con el dibujo y el asunto. La carencia absoluta, que aqueja a la civilización actual, de sentimientos elevados, de vida del alma, de poesía propia, para decirlo de una vez; la falta de religión doméstica, de religión patriótica y de religión divina, hizo que los pintores volviesen los ojos al antiguo mundo pagano, pidiéndole reflejos de bellezas y virtudes que recomendar en sus cuadros... ¡Ah! renegaban del Cristianismo, y evocaban las divinidades mitológicas. Pero de este consorcio de un espíritu sin fe y de una belleza muerta, no han nacido sino engendros enfermizos y monstruosos. Y es que de la misma manera que el entendimiento humano no puede retroceder en la senda de la civilización, así tampoco el sentimiento puede menospreciar la vida y encarnar en las entrañas de una momia. Por otra parte (confesémoslo ingenuamente), la pintura mística, primer fruto del renacimiento italiano, representación gloriosa del Cristianismo, campo de azucenas que recorrieron Giotto, Beato Angélico, Perugino, Rafael, Morales, Corregio, Vinci, Murillo, Zurbarán, Juan de Juanes y tantos otros genios inmortales, habíase fatigado ya de reproducir monótonamente los mismos tipos, un mismo sentimiento, una exclusiva verdad, que, reduciendo la influencia de la pintura a fomentar la religiosidad, la esterilizaba como elemento de civilización en el orden profano.

Pues tal es el momento en que la juventud española —¡la juventud, repárese bien esto; que los afamados y antiguos profesores nada han mandado a la Exposición, si se exceptúa un retrato!—; tal es el momento, decimos, en que, rompiendo con la costumbre, con la autoridad, con lo que se hace en las demás naciones, con lo que ama y prefiere la Academia de San Fernando (recuérdense los asuntos de sus certámenes), con la escuela francesa y con la italiana, con el misticismo y con la mitología, con todo lo que estorbaba, en fin, a la libre manifestación del genio nacional, recuerda las grandes bellezas de la escuela sevillana, estudia a Velázquez, busca la realidad..., bien que la realidad poética y artística, pide sus tremendas verdades a Rivera, invade la historia, apela a la tradición, desciende al corazón humano; y, en vez de limitarse a representar en lo físico la inflexible y rigurosa belleza griega, y en lo moral el éxtasis de Apóstoles y Serafines, tiende a traducir todo lo que encuentra en la vida y en la naturaleza, a interpretar los varios sentimientos del alma; la fe, el desengaño, los celos, la soberbia, la ira, el amor, la locura, la hipocresía, la pobreza, la ambición. Y no ya en el aislamiento del retrato, sino en sociedad y armonía con el drama humano, corriendo el velo de la historia, resucitando la acción entera, adivinando, idealizando, creando mundos en su fantasía...; pero siempre dentro de la esfera de lo positivo.

Por lo demás, en los infinitos asuntos de nuestra historia o de nuestras costumbres que se han presentado, notamos también otra circunstancia muy recomendable, y es la gravedad, la importancia, la trascendencia del pensamiento que los anima. Hay, por lo común, en el asunto de los cuadros un fondo de seriedad, de filosofía, de buen sentido, que enseña, aconseja y hace meditar cuando menos. No representa triunfos de conquistadores, ni apoteosis de simples mortales, ni actos de crueldad, ni escándalos, ni locas alegrías... Representa la verdad, la melancolía de la existencia, la vanidad de las cosas humanas, la caída de los imperios, la muerte de los poderosos de la tierra, el término del amor y de la codicia. En comprobación de lo que decimos, basta recordar el título de algunos cuadros: La limosna para enterrar a don Álvaro de Luna, Doña Juana la Loca, La batalla de Guadalete, El fin del reino moro en Sevilla, Valdés meditando un cuadro en un panteón, La muerte de Felipe II, La visita de Carlos V a Francisco I, Cervantes preso, meditando el Quijote, Cervantes escribiendo, Cervantes moribundo..., etc., etc.

Los asuntos cómicos, afortunados siempre bajo el pincel de los españoles, los cuadros de género y las escenas de costumbres, dan muestras de igual patriotismo y de la misma oportunidad para elegir. El Lazarillo de Tormes, Sancho ante la duquesa y los Tipos del nunca bien llorado Hispaleto vienen en apoyo de esta nuestra opinión.

Es también de notar en la Exposición de Pinturas —vista en conjunto—, la fuerza, el calor, la riqueza de colorido que descuella por todos lados. Más que de correctos dibujantes (en esto se hallan conformes todas las opiniones que han llegado a muchos oídos,) los jóvenes expositores se han acreditado de grandes coloristas. ¡Qué fuego, qué intensidad, qué vigor para animar el lienzo! ¡Qué tono tan igual, tan reposado, tan armonioso!

Resumiendo:

La Exposición de 1858 consuela, entusiasma y conmueve al espectador, porque es un amanecer, una primavera, un campo rico de savia y de juventud, que todo lo hace esperar, que todo lo promete, que a todo se aventura. No se ve, como en otras Exposiciones, un arte que copia, una inspiración que declina, un joven que imita a un viejo, una belleza reflejada, retrospectiva, fija en lo pasado y vuelta de espaldas al porvenir. No: se ve la vida, la germinación, el progreso, y, como dijimos antes, la nacionalidad artística, la independencia patria, la Pintura española.

¡Ah! Siquiera en esto, existiremos ya! Los extranjeros, al recorrer esa Exposición, tendrán que convenir en que esta abatida España, que imita la política de otras naciones, que copia sus modas y sus costumbres, que recibe la limosna de sus adelantos científicos y de sus milagros industriales, que no es tenida en cuenta en los Congresos europeos, que carece de iniciativa en todo, que ya no influye en la literatura de ningún pueblo, ni inventa, ni descubre, ni pelea, ni conquista, ni osa vengar los agravios que en Gibraltar, en Marruecos y en América se infieren a su honor, tiene existencia propia en algo y podrá muy pronto vanagloriarse de figurar por algún concepto entre las primeras naciones de Europa.

...

Escultura

No somos clásicos. Revolucionarios en artes y letras, como en todo, amamos sobre todo la música, forma vaga, expresión indeterminable del sentimiento. Y amamos el drama de Shakespeare, el poema de Byron, la canción de Henry Heyne, como fórmulas infinitas, como imágenes verdaderas, como símbolos indefinibles de la constante variedad del espíritu, de esa irradiación inconmensurable a lo desconocido, que, arrancando del mismo centro que las creaciones clásicas, rompe el círculo de hierro de los dogmas y las escuelas y va a perderse en las últimas regiones conquistadas por el deseo, por la fe, por la adivinación, por el éxtasis, por el presentimiento o por la duda!

No, no somos clásicos; pero nos inclinamos reverentes ante el clasicismo. Sin él, sin su forma estable y determinada, el pasado sería para nosotros un caos, un laberinto, una maraña inextricable. El clasicismo, expresión concreta de sentimientos que secó la muerte, es, así en artes como en literatura, un Término que nos encamina en el estudio estético de la historia, así como los padrones puestos por Bartolomé Díaz en el litoral de África señalaron a Vasco de Gama el camino de la India.

De aquí se deduce que, según nosotros, la Escultura no puede tener hoy actualidad moral; o, lo que es más claro, que la Escultura, esencia del clasicismo, se ve precisada en nuestros días a ser una obra de imitación, de reflejo, de retrogradación; un anacronismo; una reproducción tradicional de ajenas creaciones. Hoy puede reinar activamente la Pintura, cuyo vastísimo campo lo encierra todo, al modo del drama moderno; hoy puede imperar en los espíritus la Música, poema inconmensurable como el lirismo y la epopeya de los románticos; pero la Escultura, ¿cómo? ¿Dónde está hoy el ídolo, el símbolo, la creencia, la personificación del sentimiento general? La Escultura, que por espacio de veinte siglos ha vivido refugiada en el Templo y en el Palacio, haciendo santos y reyes, ¿qué puede crear en nuestra era de escepticismo, de emancipación y de ansia de libertad? ¿Dónde hallar la afirmación que resuma nuestros eclécticos entusiasmos? ¿Se puede personificar la Duda? ¿Cabe idealizar sus consecuencias? ¿Es posible hoy alguna apoteosis? ¡No! Pues por esta causa no puede existir la Escultura coetánea, o sea el clasicismo de actualidad.

Así es que hoy la Escultura, se, ve precisada a fingir creencias o a recordar idolatrías y siempre bajo la forma pagana; lo cual acontecía ya en pleno Renacimiento: el Moisés de Miguel Ángel y el Perseo de Benvenuto Cellini son griegos por esencia y forma. Y de aquí que nosotros, románticos en pintura, música y bellas artes seamos clásicos, rigoristas, dogmáticos hasta la severidad al tratar de la Escultura; pues desde el momento que negamos la actualidad de este arte, reconocemos la tiranía de lo antiguo, nos sometemos a ella, la predicamos, y pretendemos hallarla en las obras de nuestros escultores. Es lo contrario diametralmente a lo que hemos dicho hablando de la Pintura.

Por lo demás, creemos que la Escultura es el arte aristocrático: su individualismo (permítasenos la frase), su aislamiento, su unidad perpetua, se impone a la imaginación con cierta mística autoridad. La estatua reconoce como peculiar asunto al héroe, al mito al semidiós, al Dios —la idea sentida. Es y debe ser siempre lo bello típico, la plástica de la abstracto, la abstracción de lo concreto, la piedra inmoble y fija eternizando un instante; la inmortalidad de lo más deleznable de la naturaleza —el cuerpo—; la materialización de lo más ideal —la creencia.

Desde este punto de vista, estudiemos, en las obras de Escultura expuestas en la Trinidad, lo que haya en ellas de monumental y de clásico.

...

Arquitectura

I

Ante todas cosas, y en muy pocas palabras, vamos a hacer nuestra profesión de fe en materia de Arquitectura.

Creemos desde luego que este arte es hoy el monumento de sí mismo. Ya no es aquella expresión espontánea, puramente artística, con que el hombre alzaba un canto eterno al héroe o al Dios de su patria: no es ya la página de piedra que traducía el pensamiento de un siglo: no es lujo, ni monumento, ni culto, ni invención constante. Es un hecho de aplicación utilitaria; un recuerdo en la forma, una industria en la esencia. El pensamiento y el sentimiento se han abierto otro camino para pasar a la inmortalidad. Este camino es la imprenta. Víctor Hugo lo ha dicho.

Sin embargo, veneramos la Arquitectura sobre todo encomio, y no vacilamos en llamarla Madre de todas las artes. Y no solo madre, porque fue la más antigua, sino porque las albergó a todas; porque les dio hospitalidad. También es la más cariñosa, la más amiga, la más consagrada al hombre. Protégele; dale asilo y hogar; es templo de su creencia, obelisco de su gloria, urna para sus cenizas. Como puente, lo trasporta sobre los ríos; como faro, lo guía en la tempestad; como acueducto, fertiliza sus campos eriales; como muralla, defiende su propiedad y su derecho como palacio, le asegura la tranquilidad de sus placeres.

Hasta aquí la importancia de la Arquitectura. En cuanto a su historia, podemos reducirla a menos palabras. Hallamos dos tendencias marcadísimas en este arte: una a la idealidad, otra a la sobriedad. Nos explicaremos.

La disforme y pesada arquitectura india, aquella monstruosidad ciclópea, consistía en labrar una montaña: Egipto remueve la montaña, y la coloca sobre macizas columnas: el Druida, en tanto, congrega inmensos monolitos: Grecia crea la columnata esbelta y armoniosa, aclarando y bordando la mole: Roma engendra la cúpula hueca que invade el espacio, y busca la idealidad en la amplificación y en la magnitud: las dos escuelas bíblicas, el cristianismo y el islamismo, arrancan del gusto bizantino, y se dividen en gótico y en árabe: la Arquitectura se hace aérea, flotante, calada como un velo. La idealización de la piedra ha llegado a su culminante expresión: la aguja, la torre, el minarete, hienden el azul del espacio, y como que buscan el camino del cielo. El Renacimiento aparece entonces como un espléndido anacronismo, como ese instante de angélica hermosura que tienen los moribundos; y, de entonces para acá, cumplida la misión de hacer brotar una mariposa de la informe crisálida de los indios, la Arquitectura propende por completo a la sobriedad. El Palacio de Cristales el resultado inmediato. La Arquitectura ha muerto; es decir, ha quedado reducida, según ya hemos indicado, a la condición de monumento de sí propia.

Veamos ahora qué género de culto debe merecer entre nosotros esta augusta víctima de las edades.

O, lo que es más humilde, demos nuestra última vuelta por la Exposición general de Bellas Artes.

II

Mas, antes de descender al examen parcial de las obras que nos parezcan dignas de ello, diremos lo que en general se nos ocurre acerca de las copias presentadas por los alumnos de la escuela de Arquitectura.

Vemos en ellas dos cosas: una muestra del estado y método de enseñanza, y otra del adelanto individual de los escolares.

Con respecto a la primera, reconocemos, un gran paso dado por nuestra época al romper las trabas impuestas a la Arquitectura, trabas más estrechas y enojosas que las que oprimieron a las demás artes, pues por ellas quedó reducida a un simple oficio recargado de preceptos y recetas.

Hoy se ha ensanchado el círculo de la enseñanza: las artes greco romanas, interpretadas por tal o cual preceptista sistemático, han dejado felizmente de ser el obligado de los modelos, y las demás escuelas han escapado de la proscripción en que las tenía una severidad poco justificada.

Sin embargo, esta emancipación, lejos de dar un resultado halagüeño para el buen gusto artístico, ha contribuido a desarrollar prácticas tan inconvenientes como lo era la tiranía dogmática de que se ha escapado.

Así es que las obras de los citados alumnos no versan sobre tipos clásicos y perfectos y sino sobre producciones de épocas bárbaras todavía, o ya en visible decadencia. Comprendemos que aun tales monumentos deben estudiarse, como pertenecientes a la historia arquitectónica; pero esto debiera hacerse cuando fuera ya sólido y estable el conocimiento de los tipos originarios: de otro modo, es de temer que los embriones oscuros o las degeneraciones viciosas de lo clásico y de lo bello corrompan el gusto y resuciten nuevas herejías en el arte.

No se crea por ello que exigimos que los modelos se erijan en preceptos lo que deseamos es que las obras bastardas no se erijan en modelos.

En los modelos de la antigüedad clásica, y especialmente en Roma, a la cual se refieren la mayor parte de las copias presentadas, para un trozo aceptable y típico, hay mil que no lo son y que pertenecen a un período de decadencia. La Escuela debiera haber tenido en cuenta que Roma careció de artes originales, y que su genio fue más combinador que creador, de donde sus obras no son tan admirables por los detalles como por el conjunto, o sea por la composición general. Los accesorios griegos, elementos de todas las obras romanas, perdieron más que ganaron al contribuir a la erección del anfiteatro.

Lo mismo podemos decir en cuanto a las copias de monumentos góticos. Ya que nuestro siglo ha sido justo con la Arquitectura religiosa de Occidente, calificada de bárbara por los ciegos artesanos del barroquismo y otros fanáticos artistas; ya que la filosofía, estudiando las artes, ha encontrado en nuestras catedrales de la Edad Media la mística genealogía del sentimiento cristiano, dándose cuenta de su origen, clasificando sus períodos, y determinando el momento en que, afeminada y falta de fe y de vigor, injustificada y redundante, cedió su puesto a las creaciones antiguas que salían de la tumba; ya, en fin, que las investigaciones de la estética han dado con los tipos puros, clásicos y originales del gusto gótico, ¿por qué recurrir en busca de modelos a los monumentos de Italia, que, si bien ricos y esbeltos, están muy lejos de la ascética originalidad, de la valentía primitiva que descuella en los otros?

Italia no pudo desprender jamás de sus hombros la púrpura de los Césares: el Catolicismo de Roma nunca huyó de la Basílica sino que la consagró, instalándose en ella. No alcanzarnos, pues, la razón de hacer copiar a los alumnos los monumentos ojivales de Italia, teniendo en nuestro país tipos grandes y severos de su belleza, oriundos de la mejor época, y no desprovistos de cierto gusto nacional que nos honra. Pero ¡qué mucho, si se ha tenido el poco tino de permitir que se copien varios fragmentos de una época bárbara y de otra de decadencia, como única representación de nuestra riqueza monumental!...

Deseamos, por tanto, ver a los principiantes en mejor camino, y aconsejamos a la Escuela que tenga más conmiseración con el arte y más amor a nuestras verdaderas glorias.

Enumeremos ahora las obras de la Exposición.

...

La Ristori

¿Qué es la Ristori?

Si se lo preguntáis a los escultores que una noche y otra estudian y admiran maravillas de su arte en esa estatua viva, os responderán llenos de entusiasmo: —«La Ristori es una escultora sin rival: eclipsa a Praxíteles y Miguel Ángel en el arte de modelar el dorso, de plegar los paños, de componer la figura, de eternizar un gesto, un movimiento, una mirada: su actitud es siempre académica, siempre monumental. Su genio, solo, ha logrado lo que no logró Pigmaleón sin el favor del cielo; animar el mármol. Ver a la Ristori, es recorrer un Museo de Escultura, donde se hallen la Amazona de Fidias, la Venus de Milo, la Piedad de Miguel Ángel, la Magdalena de Cánova».

Pues si preguntáis a los pintores, os hablarán, no ya de estatuas solamente, sino de cuadros. Os recordarán la Mater Dolorosa del final de María Stuardo; el grupo de Medea y sus hijos trajinando por las montañas, y el otro grupo, cuando huye por la escena con sus cachorros debajo del brazo, como la madre de la Degollación de los Inocentes. Os dirán que esa María Estuardo es la misma que pintó Van-Dik y describió Brantome; que Pía di Tolomei, en el primer acto de esta tragedia, es la Laura de Petrarca, la dama gótica, escapada, al parecer, de uno de aquellos calados nichos que adornan las portadas de las catedrales del siglo XIV, así como, en el último acto, es la Pía que encontró Dante en el Purgatorio, la tercianaria de los pantanos, la enferma amortajada en vida. Os hablarán también de los cuadros que forma con los demás actores, y citarán aquella apoteosis con que termina Camma; aquel grupo de serafines en cuyos brazos sube al cielo el alma de la Vestal, y que recuerda (pues el paganismo no ofrece otra imagen tan mística y sobrenatural) la Asunción de Corregio, pintada en la cúpula de la catedral de Parma. Y, en fin, os dirán que la Ristori dibuja como Rafael, compone como Rubens, colora como Velázquez: que ha presentado conjuntos de miembros palpitantes parecidos al Descendimiento de Pedro de Campaña, combinaciones de color que honrarían a Pablo el Veronés, retratos históricos dignos de Ticiano, rostros sombríos y enérgicos como los de Ribera, semblantes inundados de beatitud celeste como los de Juan de Juanes, la frente angustiada de la Soledad, la mirada profética de los mártires, la sonrisa divina de las vírgenes, el dolor sin esperanza de los réprobos, la cara descompuesta del sentenciado a muerte, la fría rigidez de los cadáveres... ¡toda la naturaleza humana, todas las pasiones, todas las alegrías, todas las penas, todos los espantos! Y, así como los escultores os dijeron que la Ristori es una escultora sin rival, los discípulos de Apeles os dirán que es una pintora inimitable.

Id a un músico, y hallaréis que, para él, la Ristori es una lira, templada por el cielo, que todo lo canta, que traduce e idealiza los acentos del odio, del furor, de la cuita, del júbilo, del éxtasis, que tiene una modulación para cada idea, un tono para cada pasión, una vibración para cada sentimiento. Y os dirá que su voz es un pentagrama, donde se encuentra desde la nota inarticulada y ronca que semeja zumbar en las cavidades del pecho como el trueno en una caverna, hasta el grito desgarrador y penetrante que parece estallar por la frente y por el erizado cabello; que las inflexiones de esta voz obedecen a reglas melódicas, a conocimientos vocales y acústicos, a leyes que se pueden representar por medio de notas musicales; en fin, que la Ristori no habla, sino que canta; que para ello ha estudiado la prosodia de la naturaleza, y que por esto imita al arroyo, al viento, a la fiera, al mar, al furor que ruge, a la indignación que clama, al dolor que se queja, al amor que suspira o que prorrumpe en inspirados himnos.

¡Ah! sí; tal es para los artistas esa incomparable actriz: tales son su actitud, su fisonomía y su acento. Pues, ¿qué será para el poeta, cuando estas facultades se combinan, se ponen en acción, viven, palpitan, y representan un personaje dramático? ¿Qué será para el literato una trágica que así canta, que así esculpe, que así pinta, que así representa?

Pudiera decirse que Melpómene, celosa de sus ocho hermanas, les ha asestado el puñal al corazón, apoderándose de los dominios de todas las

Musas. No: para el poeta no es la Ristori ni escultora, ni pintora, ni música, ni actriz: es una evocadora, una maga, una magnetizadora que resucita lo pasado, que nos conduce a los tiempos druídicos, a Grecia, a Roma, a la Edad Media, y nos hace ver aquellas grandezas y aquellos horrores desvanecidos; es Eneas que recorre los abismos de Plutón, y presencia los martirios de los difuntos Teucros; es Dante, conducido por Virgilio a los tres Reinos de la Muerte, que nos enseña los tormentos de los que ya no son, las alegrías de los que serán eternamente. En este Infierno, a que nos ha asomado la Ristori, hemos visto el abandono de Medea, las devoradoras ansias de Mirra, los rabiosos celos de Rosmunda; en ese Purgatorio hemos presenciado la expiación de María Stuardo, el arrepentimiento de la esposa de Fazio, el doloroso disimulo de Camma, el lento martirio de Pía di Tolomei; y en ese Paraíso se nos han aparecido triunfantes y vestidas de luz esa misma Pía, esa misma Camma, esa misma Reina de Escocia, reclinadas ya en el seno de Dios, coronadas de bienaventuranza, libres y salvas para siempre de la guerra mundanal!

Quisiéramos descender a la descripción de todas y cada una de las maravillas que hemos presenciado en las nueve noches que llevamos de oír a la Ristori; pero desistimos de tal empresa, porque comprendemos que un volumen no bastaría a dar idea de tanto genio, de tanto talento, de tanta inspiración.

Diremos, resumiendo, que la Ristori es siempre el personaje que representa; que carece de fisonomía propia; que cada noche es una mujer distinta; que su rostro, su estatura, su andar, hasta la forma de sus manos, cambian a medida de su deseo, y que pudiera decirse de ella que es dócil masa informe, sobre la cual modela y talla repentinamente los diversos tipos clásicos o románticos imaginados por los poetas.

En Medea, por ejemplo, es la fiera que pinta Eurípides, justa, noble, iracunda, re celosa, que ama o mata con igual furor, que da a sus hijos su sangre, o bebe con ansia la de ellos; ¡pero que nunca los abandona! Es una mujer hercúlea, morena, con el cabello y los ojos negros. Su frente es chata como la de la pantera; anda, y parece que salta; mira, y parece que olfatea; llora un desengaño, y parece que se queja de una herida; ¡todo es sangriento en ella! Sus manos, anchas y crispadas, asemejan a la garra de la leona;

su traje desceñido deja entrever la recia trabazón de sus miembros, cuyos abrazos son mortales: su mirada, baja y escudriñadora, vagando entre sus dos hijos, revela un amor tan salvaje y natural, que pudiera compararse a la mirada del hambriento.

Pues vedla en María Stuardo... Ved a la dama delicada; a la mujer rubia, de formas suaves, cuello de cisne, manos largas y finas, sonrisa melancólica y ojos azules. Advertiremos aquí que los ojos de la Ristori no tienen color propio, sino que se aclaran u oscurecen según la expresión que les dan sus afectos. María Stuardo es una reina amable, una coqueta vencida por el dolor, cargada de recuerdos que se parecen a remordimientos. Luego, cuando se ve enfrente de su enemiga, estalla su cólera pero no ya la cólera de Medea, no la sed de sangre del tigre, sino la furia de la indolente culebra que, una vez pisada, silba y se retuerce y abofetea cien veces a su víctima y acaso le escupe a la cara mortal veneno. En el último acto es a la par la reina católica y la mujer en capilla, o, por mejor decir, el espíritu audaz del mártir que desafía la muerte, y la carne estúpida y medrosa que se rebela clamando por la vida. ¡Difícil y magnífico contraste! Él constituye uno de los más grandes triunfos de la Ristori.

En Mirra, virgen de cuerpo y prostituta de alma, poseída por el demonio del deseo, ya triunfa de él y resplandece como una ves tal, ya cede a sus tentaciones, y suspira y llora, devorada por el criminal apetito, o ya en fin lucha a brazo partido con la furia de la pasión, como el energúmeno que oye el exorcismo. Hay quienes no han comprendido lo terrible de esta lucha y han tachado de exagerada a la Ristori en el acto del casamiento. Así a éstos, como a los que la han encontrado demasiado provocativa y lúbrica en la última escena, les recomendamos que lean y relean aquel ¡oh madre mía felice!... que encierra más fuego nefando, más recreación maldita, más cinismo mental del que nos tradujo la Ristori. En todo caso, de todos estos horrores debe culparse a Alfieri, o a la mitología griega. Mirra sufre el mismo tormento que los hijos de Laocoonte: unas sierpes infernales —su nefando deseo—, la ahogan contra el seno de su padre, y ella pugna por desasirse. He aquí explicada la escena de la ceremonia nupcial.

La muerte de Camma —y pasamos por alto la escena del disimulo en el segundo acto, que vivirá eterna en nuestra imaginación—; la muerte de

Camma es otra de las grandes revelaciones que debemos al genio de la Ristori. Hemos visto allí agonizar a una mujer envenenada: el barro terrenal luchó primero con la muerte, y resultó vencido: pasaron las convulsiones últimas de la materia, y el alma quedó libre. Camma reclinó la cabeza, y descansó en el seno de la muerte. Pero entonces asistimos al triunfo de su espíritu desatado, a la apoteosis de su alma de mártir, a su llegada al cielo, a su entrevista con las almas de su padre y de su madre, a su encuentro con el esposo que había perdido. La voz de la Ristori no era entonces de la tierra; la luz que alumbraba su semblante no era la del mundo; las alegrías que la embargaban no eran ya de esta vida. Fue un momento en que el Olimpo se entreabrió ante la maga, inundando al público de aquella beatitud celeste que ensoñaron los vates y los profetas, y consolándole de la muerte de la inocente Camma.

Pero fuerza es terminar; que no hay lienzo en que quepan las mil y mil figuras que se agolpan a nuestra imaginación... Rosmunda, indignada; Pía, convenciendo de su inocencia a su esposo; Blanca, acusando a Fazio ante el tribunal, Blanca arrepentida, Blanca loca...: el «¡Tú!» de Medea; el «¿Chi fu?» de Camma, cuando sabe el asesinato de su marido; el «figlia d'Anna Bolenna» de María Estuardo; el silencio de Mirra...; todo lo que hace, todo lo que dice, todo lo que piensa la Ristori es digno de mención y elogio, imposible de narrar, superior a nuestros aplausos.

Solo diremos, para concluir, que tenemos la seguridad de que el poeta que entrega una obra a la Ristori para que la represente, puede exclamar, después de haberla visto: —Hay quien conoce a mis personajes mejor que yo.

1857.

134

Roberto il Diavolo

I

Era martes, día aciago.

El termómetro marcaba tres grados bajo cero.

Por la tarde había habido sesión en el Congreso y gran parada de mujeres hermosísimas desde la Fuente Castellana hasta la iglesia de Nuestra Señora de Atocha.

La esfera central del reloj de la Puerta del Sol marcaba las once y cuarto, la de la izquierda las nueve, y la de la derecha las dos y cinco minutos.

Sin embargo, eran las siete y media. Iban dos horas de noche.

Los pobres se acostaban ya; porque contra el frío, cuando no hay leña, la cama es el mejor remedio.

Los revendedores, esos buques negreros, cuyo tráfico, más o menos inmoral (que esta es ardua cuestión política y económica), ningún gobierno de Europa ha podido estorbar hasta de presente, se hallaban apostados en las avenidas del Teatro Real.

A las puertas de este suntuoso coliseo agolpábase una impaciente muchedumbre, compuesta de encarnizados filarmónicos, de alegres estudiantes, de dichosísimas parejas, de piratas callejeros (como ha llamado Fernández y González a ciertos modernos Tenorios), de educandas del Conservatorio de María Cristina, de fugitivos del teatro de la Zarzuela, y de personajes de segundo orden que se aficionaron a la música en administraciones pasadas (ésta es la frase) y que hoy ahorran. de sus haberes de cesantes la humilde peseta que cuesta penetrar en el Paraíso...

Cuatro no interrumpidas filas de coches de todos tamaños y categorías acudían, entre tanto, por las calles del Arenal, de Vergara y de Santo Domingo, cargados de huecas y perfumadas hermosuras, de diputados nuevos, de liberales arrepentidos, y de viejos y de viejas..., si es que existen viejas en esta villa y corte.

Skoczdopole, en fin, y su ejército de músicos hallábanse ya en sus puestos...

¡Tableau! Roberto il Diavolo iba a principiar.

II

Roberto il Diavolo —ya lo hemos dicho en 1853, 1855 y 1857; pues esta ópera se canta un año sí y otro no—, es el spartitto más colosal que conocemos, no por su extensión, que también es enorme, sino por su índole y naturaleza, y no decimos el más bello para nuestro gusto, porque nuestros amores musicales serán siempre para aquella apasionada melodía, que pudiera decir como una heroína de Dante:

> Siede la terra dove nata fui
> su la marina dove' I Po discende,
> per aver Pace co' seguaci sui.

Amamos, sí, extraordinariamente la música italiana: El Barbero, Guillermo Tell, Otelo, Norma, Sonámbula, Los Puritanos, Lucrecia, Lucía, La Favorita, Poliuto, El Elixir de amor, serán siempre nuestras óperas predilectas; pero no por eso desconocemos que la múltiple y profunda filosofía de Roberto, sus varias inspiraciones, sus armonías originalísimas, el arte de abarcar todos los sentimientos y todos los estilos, la portentosa facultad de llorar, reír, blasfemar, agitar los campamentos, remover las tumbas, sublevar los infiernos, escalar el cielo, visitar la soledad de los montes, vagar entre las ruinas, cruzar los palacios, cantar el amor, la fe, la guerra, la caída de un ángel, la misión de otro, la vida entera del hombre que zozobra entre el bien y el mal, así como todas las pasiones que vienen a combatirlo, y combinar todo esto, y fundirlo en un poema que ofrece una fisonomía propia, que tiene una expresión dada, que es, en fin, una obra de arte y una obra maestra, son milagros que estaban reservados a Meyerbeer, a ese titán que admira y venera toda la Europa.

Y lo maravilloso, lo inconcebible es que Meyerbeer, en Roberto il Diavolo, al par que abarca tan ilimitado espacio con su imaginación; al par que escribe el poema de la tierra y de los cielos, como Goethe en su Fausto, concreta y determina la expresión de sus cantos en una época, en un país, en unos caracteres dados: Sicilia, la Edad Media, el Catolicismo, hállanse interpretados en esta obra de un modo tan especial como si la melodía no propendiese a reflejar a la humanidad de todos los tiempos, al hombre de todas las razas, al Dios de los orbes sin fin. Podemos, pues, descender de tan altas apreciaciones y ver el Roberto como drama local y humano, afirmando que, si alguna vez la música es un idioma, si pinta, si escribe, si traduce, en ninguna parte habla tan claro como en esta obra.

¿De qué acto, de qué pieza trataremos?¿De los cantos que se refieren a la tradición de Berta, de aquella joven normanda seducida por el diablo? ¡Qué santa y patética es la melodía que la representa! La mística autoridad del testamento, ¡cómo se traduce en aquel canto!... (Nosotros preferimos el libreto francés):

> Va, dit elle, va, mon enfant...

¿Hablaremos del hondo dolor, de la solitaria pena del ángel caído? Recordad la invocación de Bertramo; aquellos acentos de una rabiosa desesperación:

> Roi des enfers, c'est moi qui vous apelle,
> moi, damné comme vous!

¿Queréis amor, amor inocente y puro como las flores del campo, como la soledad de los bosques? Oíd a Alice que busca a Rambaldo en el tercer acto por las rocas de Santa Irene. ¿Queréis amor combatido, apasionado, trágico y abrasador? Recordad la inimitable Romanza de Isabela en el cuarto acto; aquella súplica vehemente, delirante, irresistible; aquella glosa de un acento que recorre todos los tonos de la elocuencia; recordad aquellas arpas que lloran, aquel océano de instrumentación que viene a estrellarse a los pies de Roberto, aquel ¡Grace! mil veces repetido, que solloza, que se retuerce, que se ahoga en la garganta, que escala los cielos. ¿Queréis más? Oíd el cuarto acto, aquel oratorio digno de Mozart y Haydn; oíd aquel coro de monjes, que parece cantado al otro lado del sepulcro, más allá de la vida, en la paz de la muerte; oíd aquel terceto...

> O tourment, o suplice!

melodía suprema que flota entre la gloria y el infierno; marejada de bendiciones y blasfemias, de ruegos y de imprecaciones, de esperanza y de temor; expresión culminante de todo el spartitto; y luego ved cómo se resuelve en un cántico sobrehumano, celestial inefable, que va a perderse en los espacios sin límites, como las oraciones y las almas de los justos...

Pero ¡diablo! ¿Qué estamos haciendo? ¿Es acaso posible dar en un folletín la idea de esta ópera? ¡Pues qué! ¿Las revistas se cantan al piano? Id... id a Roberto; y, si tenéis alma, ella os dirá lo que no cabe en un folletín, lo que no puede hablarse ni escribirse, lo que nosotros experimentamos siempre que oímos verdadera música...

III

Pero ¡ay! ¡no vayáis al Roberto que se canta... o se chilla este año en el Teatro Real de Madrid!

1858.

Contra las zarzuelas. Advertencia

Si alguna memoria puede quedar hoy de los centenares de Revistas de teatros que escribí durante aquellos años (de 1855 a 1859) en que me arrogué audazmente la profesión de crítico, es indudablemente el recuerdo de la porfiada guerra que hice a las zarzuelas, entonces muy en boga.

Reconozco que fui exagerado en mis ataques a este género de espectáculos; pero sírvanme de disculpa la exageración con que lo patrocinaban y ensalzaban por su parte otros escritores y el alarmante favor que llegó a alcanzar en toda España.

Aconteció entonces que todos nuestros autores dramáticos y todos nuestros músicos dedicáronse a escribir zarzuelas, abandonando los unos el teatro español de verso y propalando los otros que la ópera nacional nacería del cultivo de aquella clase de composiciones. Los coliseos de verso y el de la ópera italiana se vieron, pues, desatendidos por el público, que se solazaba grandemente con los híbridos y grotescos engendros que constituían el repertorio del célebre Caltañazor.

Ni era esto todo: a la sazón no se habían creado todavía los nobles centros de verdadera filarmonía que hemos admirado y aplaudido después en los Cuartetos del Conservatorio y en los Conciertos matinales o nocturnos de teatros y jardines situados en las afueras del antiguo Madrid. Haydn, Mozart, Beethoven, Mendelson, Weber, todos los gigantes del arte musical, eran desconocidos del pueblo español. Euterpe no recibía en nuestra patria más culto público que el que le rendían nuestros instrumentistas, nuestros cantantes y nuestros compositores por medio de las decantadas zarzuelas... Estaba, pues, comprometida hasta la esperanza de los amantes de la verdadera música, en el empeño que maestros tan insignes como Arrieta, Barbieri, Saldoni, Oudrid, etc. (algunos de ellos autores de ya aplaudidas óperas), mostraban en llegar por el camino de la zarzuela a la consolidación del teatro lírico español.

Contra pretensiones y aspiraciones tan insensatas, era contra lo que me revolvía yo en mis escritos, no contra la Zarzuela en sí, como se verá en los fragmentos que reimprimiré a continuación. Yo concedía a la Zarzuela el derecho de existir como un espectáculo burlesco que simbolizase, no los progresos y tendencias de un arte naciente, sino la deliberada caricatura de un arte de mayores y más solemnes miras.

El tiempo ha venido a darme la razón: la Zarzuela, al cabo de veinte años de favor público, no ha engendrado la Ópera española, sino los Bufos madrileños.

Léanse ahora todas las razones en que yo fundaba en aquel tiempo mis hoy realizadas profecías. No insertaré sin embargo, sino extractos de mis revistas, o sea los trozos más sustanciales y de crítica más general, omitiendo en lo posible los ataques concretos contra determinados autores o contra sus obras, En el fragor de las batallas, estos ataques y los que yo recibí pudieron estar justificados. Hoy no me queda ya sino aprecio y hasta cariño hacia mis adversarios de entonces.

Es lo que les pasa a todos los militares retirados que, al fin de su vida, solo tienen palabras de afectuoso respeto para nombrar a los mismos guerreros a quienes en otro tiempo llamaban antonomásticamente el enemigo.

En cambio, nunca deja de inspirar fanático amor a cada uno la bandera que tremoló en el combate, como le inspira eterna aversión el estandarte que vio ondear enfrente del suyo.

1871

I. De la zarzuela

... Viva la música burlesca, viva la tonadilla confundida con el sainete, viva el vaudeville joco-serio, salpimentado de coplas y de finales cuyo trivial sentimentalismo está al alcance de las traviatas más ínfimas. Viva enhorabuena todo esto; pero viva en los pueblos donde la música nacional cuenta ya con más solemne culto, tiene abiertos más nobles palenques, ostenta más ilustres títulos; viva, por ejemplo, en Francia, donde hay un teatro de Grande Ópera seria francesa, que produce las inmortales obras de Halevy, de Auber y de Meyerbeer; viva allí, donde ya puede jugarse con el arte como con un león domesticado; viva allí, donde saben caricaturarlo todo, hasta la melodía, ese aliento de Dios! Y viva aquí también, si queréis; pero no resumiendo la vida de nuestra música nacional, no absorbiendo todos nuestros talentos líricos, no representando nuestra ilustración filarmónica. Viva aquí... ¡pero en la esfera de los espectáculos que solo se proponen recrear; no al nivel del coliseo donde la verdad y la filosofía tienen su cátedra, ni al nivel del templo adonde van las almas a embriagarse con las armonías del sentimiento, único idioma universal, cuya clave está en todos los corazones privilegiados.

... Pero hablemos un poco de los libretistas. ¿Queréis saber lo que han encontrado nuestros poetas en la plazuela del Rey?

Fracasos, desdenes, silbidos, y, cuando más, respetuosa tolerancia.

Bretón, el ilustre Bretón, el autor de El Pelo de la dehesa, ha visto naufragar sus dos únicas zarzuelas: El Novio pasado por agua, y Las cosas de Don Juan.

Rubí, el autor de El arte de hacer fortuna de Los dos validos, no consiguió acertar en Tribulaciones y zozobró en La Hechicera.

Atina García Gutiérrez en El Grumete, yerra en La espada de Bernardo, y cae en La cacería real García Gutiérrez, el autor de El Trovador!

Ayala, el creador de El hombre de Estado y de Rioja, dramas de primer orden, ve pasar desatendidas La Estrella de Madrid y criticados Los Comuneros. ¡Quince noches bastaron a enterrar cada una de esas obras!

Eguílaz, popular a los veintidós años y una de las mejores esperanzas de nuestra literatura, va a pique de un modo lamentable en La vergonzosa en Palacio.

Suárez Bravo hace de Las señas del Archiduque la hoz que siega los laureles de ¡Es un ángel!

Larra goza de justo renombre de buen dramático; pero ni su nombre basta a proteger Un embuste y una boda, que se hunde en el abismo.

Doncel estrena su sepulcro al son de los silbidos de La Picaresca. Cisneros escribe un drama, Esperanza, que le da un nombre. La litera del oidor le da mucho menos, puesto que le da un mal rato.

Villoslada truena en La dama del Rey.

Y Larrañaga, y Arnao, y Larrea, y Lozano, y Guerrero, y todos, en fin, chicos y grandes, caen en la misma tentación y logran el mismo resultado.

Mas no por esto se contriste la musa española. Esos desastres son triunfos. Nuestros dramáticos están demasiado acreditados para que pueda perjudicarles su impotencia en este género espurio.

Pero ¿en qué consiste esa impotencia? nos preguntaréis.

En que los libretos españoles pecan de demasiado líricos, de muy graves, de sobrado decentes; en que la zarzuela es propia de la ligereza transpirenaica; en que aquí no somos diestros en la pantomima, en la paradoja, en la onomatopeya, en la prestidigitación, en el arte de brocha gorda.

Por eso agradan más las zarzuelas traducidas; por eso, y dichosamente por eso, no saben inventarlas nuestros primeros literatos, mientras que los dioses menores (¿para qué nombrarlos?), los libretistas que no saben escribir, no digo ya en castellano, pero ni tan siquiera en racional, logran cada éxito con sus poemas zarzuelescos, que es cosa de quemar uno su librería.

...

¿Adónde vamos? ¿Qué es esto?

Dichosamente, no vamos a ninguna parte.

Dichosamente, esto no durará.

La zarzuela morirá, como murió el género andaluz, como murió Churriguera, como morirá el miriñaque.

Y morirá, porque si los poetas no se cansan de trocar su gloria por un puñado de plata, el público abrirá los ojos, y verá que en el Circo pierde el tiempo, el dinero y el buen gusto.

...

Un crítico, en un momento de distracción —pues no es posible creer otra cosa—, ha confundido al libretista de zarzuelas con el libretista de óperas, sin considerar que son oficios muy distintos.

En la zarzuela rige el poeta: en la ópera rige el músico. En la zarzuela la letra es lo principal y la música lo accesorio: en la ópera acontece lo contrario. Quitad las palabras a una ópera después de escrita; cantadla tarareada o solfeada, y quedará la ópera en pie.

Y esto es tan cierto, cuanto que el libreto se canta en italiano ante un público cuya mayor parte no lo comprende y que, sin embargo, nada echa de menos...

Porque la música es un idioma, volvemos a decir, cuando no se propone solamente recrear, y el libreto es un andamio que sirve para levantar el edificio y se retira después de concluida la obra.

En la zarzuela la música no expone, no expresa nada: es un lujo, un adorno. Y ¡ay del músico que se entusiasma y se eleva en el teatro del Circo!

Que allí no se va a oír música, sino a ver trajes, desfiles de tropas y decoraciones magníficas; a ver a la tiple vestida de hombre y al caricato vestido de mujer; a oír redobles de tambores, repiques de campanas, algazara, tiros y jolgorio... ¡Entonces se aplaude; entonces hay lleno completo!... ¿No es verdad, señores empresarios? Preguntad a un parroquiano del Circo por ese mismo Meyerbeer, por su Roberto il Diavolo, y os dirá que le apesta!

No: la zarzuela no engendrará la ÓPERA NACIONAL.

¡Ni menos desarrollará la música española!

¡Pues qué! ¿Podrá decirse que toda la música que se canta en el Circo es española, que tiene carácter de tal, que es original siquiera? Nosotros pobres melómanos, simples oyentes, que, obligados por nuestro oficio de folletinistas, vamos a aquel coliseo como si fuéramos al Purgatorio, podemos asegurar haber escuchado allí música francesa, alemana e italiana, a vuelta de alguna que otra seguidilla española y no nos detendremos a citar, como pudiéramos hacerlo, y lo haremos en su caso, pieza por pieza, motivo por motivo, acompañamiento por acompañamiento.

...

Tiene la zarzuela otro inconveniente que no le permite crecer, y es la dificultad, casi la imposibilidad, de encontrar cantantes que declamen o actores que canten... como se debe cantar y declamar.

...

Dícesenos que Rossini y Verdi empezaron por poco y llegaron a mucho. ¡Pues que nuestros principiantes hagan zarzuelas, y nuestras notabilidades escriban óperas o no escriban nada!

Por lo demás, Saldoni y Arrieta empezaron componiendo óperas, y acaban haciendo zarzuelas. ¡Esto es progresar! Queremos la ópera española, y la esperamos, y nunca tiraremos de los pies a nuestros compatriotas para evitarles que suban a un digno puesto, sino para bajarlos de un puesto indigno. La ópera española puede existir, y existirá, Nuestro suelo ha dado a Europa cantantes de primer orden. La Malibran, Paulina García, la condesa de Fuentes, Amalia Anglés, Echevarría, Carrión, Belart, Rodas, Unanue, García y los que ahora no recordamos nacieron en España, y muchos de ellos recorren hoy los primeros teatros del mundo. Nuestro suelo ha dado también y tiene músicos capaces de escribir la ópera. Martini, Cuyas, Inzenga, Gomis, Saldoni y otros varios comprueban nuestro dicho. El señor Barbieri, si desatase su inspiración aprisionada en el Circo; Arrieta, orgullo de nuestra patria; Gaztambide, ¡el mismo Gaztambide!, Oudrid, etc., escribirían la ópera nacional, si quisieran; y esto es tan positivo, que dentro de algunas noches (lo decimos con inmensa satisfacción) se cantará en el Teatro Real la Isabel la Católica de Arrieta, ópera que vale más que todas las zarzuelas habidas y por haber.

...

Día llegará en que nuestros músicos nos estrecharán la mano, confesando que hemos tenido razón en atacar tan rudamente la zarzuela.

Aquel día la música española se cantará en todos los pueblos extranjeros: aquel día la zarzuela vegetará en un barrio de Madrid.

...

II. Los Magyares

1

—¿Ha estado usted en Los Magyares, señor folletinista?

—No, señor... Hace tres noches que no se encuentra un billete ni por un ojo de la cara.

—¡Ya lo creo!... Los Magyares es el non plus ultra de las zarzuelas. A mí me gusta más que Catalina.

—¿Es usted filarmónico?

—No, señor: de Getafe.

—Digo que si le gusta a usted la música...

—¿Cuál?

—¡Hombre! ¡la música!...

—¡Qué música ni qué ocho cuartos!... Mire usted: Caltañazor sale montado en una mula, y, solo de verlo, nos echamos a reír. No sé en qué consiste; pero siempre que habla ese hombre, aunque no sea gracioso lo que diga, se me va la carcajada!...

—Afinidades.

—No sé... ¡Y qué decoraciones! ¡Han gastado un dineral en espigas!... En fin: es la gran función del año... Dicen que dará muchas entradas.

—¿De quién es el libreto? ¿De Ayala?

—No, señor...

—¿De Bretón?

—No, señor... ¡Ésos no saben dónde tienen la mano derecha! Es de Olona.

—¡Hombre! ¡Ese autor no se equivoca nunca!... ¡Todas sus obras tienen un éxito brillantísimo!

—Un éxito envidiable.

—No diré yo tanto. ¿Y el spartito? ¿Será de Barbieri?...

—¡Qué! No, señor...

—¿De Arrieta?

—¡Ca!... ¡El esparterito es de Gaztambide! ¡Y salen segadores, húngaros y borregos!...

—Pues es preciso ir.

—¡Ya lo creo! ¡Verá usted cosa buena!... Y eso que no canta la Ramírez!... En fin... Hasta luego... Ya nos veremos por allí...

—Vaya usted con Dios, hombre... ¡Vaya usted con Dios!

2

Las carnes se nos abrieron cuando quedamos solos, al pensar en que acaso no nos gustaran Los Magyares como progreso de la ÓPERA ESPAÑOLA, y nos viéramos, por consiguiente, en la precisión de anatematizarlos desde nuestra cátedra de folletinista.

—¡Oh Dios! —dijimos—. ¡Que nos gusten Los Magyares! ¡Que el público tenga razón! ¡Que suceda un milagro! ¡Que haya una zarzuela buena! ¡Oh!... ¡Si Los Magyares no nos gustan, estamos perdidos!

En efecto: ¿quién lucha con las turbas de los barrios, que dicen que la zarzuela nueva es mejor que La Cola del Diablo? ¿Quién lucha con toda la prensa, que ha consignado en una y otra gacetilla que la tal obra es admirable? ¿Quién lucha con la realidad de las cosas; con ese público que acude en masa, con esa empresa satisfecha de sí misma; con una función, en fin, en que se ha gastado mucho dinero?

En medio de esta agitación, oímos sonar las ocho de la noche.

Cinco horas después conocíamos ya Los Magyares. ¡Somos el ser más desgraciado de la tierra!

3

Respeto y consideración merecen, sobre todo en nuestro país, los miles de duros que la empresa del teatro de la Zarzuela ha gastado en la decoración y equipo de Los Magyares ÓPERA ESPAÑOLA del maestro Gaztambide, letra del poeta Olona. Por este respeto y esa consideración, y no por falta de buen sentido —al menos así nos lo hace creer nuestro orgullo nacional—, hase mostrado tolerante, y benévola la ilustrada prensa de Madrid con la nueva obra, tributándole unos elogios que no son para discutidos, y que seguramente no estaban en el ánimo de los señores gacetilleros... Pero respeto y consideración son esos que ceden en nuestro juicio ante más altos respetos y atendibles consideraciones; ante las leyes de la razón y del buen gusto; ante los fueros de la música y de la poesía, temerariamente atropellados; y así, mal que le pese a la paz de nuestra vida, cogernos la pluma con el valor de quien cumple con su conciencia, no para oponernos a la opinión general, pues sabemos que la opinión general está de nuestra parte, sino para consignar en letras de molde lo que la opinión general murmura por lo bajo y no se atreve a repetir a la luz del día, en gracia de los susodichos miles de duros; lo que dice el claqueur en su casa; lo que asienta el flateur en el café; lo que publica oralmente en las tertulias el mismo periodista que batió palmas en su diario; lo que está, en fin, en el pecho de todos y en boca de ninguno, esto es, que Los Magyares no es, como la titulan, una ÓPERA ESPAÑOLA, sino un disparate literario y musical, indigno de ser representado en un teatro nuevecito, ante un público de guantes blancos, en nombre del arte y de la literatura y a costa de tantísimo dinero.

Desmenucemos este párrafo.

4

Ante todo, seamos los primeros en rendir un tributo de admiración a la empresa por su arrojo y prodigalidad, al maquinista por su pericia, al pintor por sus ingeniosas concepciones, al director de escena por su maestría, al sastre por sus conocimientos históricos e indumentarios, y, finalmente, a todos los que han contribuido al aparato de Los Magyares, obra presentada al público con una perfección y un lujo insólitos en nuestros teatros, y verdadero modelo de mise en scène que recomendamos eficazmente a la empresa del Teatro Real, ya que es este el pie de que cojea hace algunos años.

Y he aquí todo lo que tenemos que elogiar en una función músico literaria; en una ÓPERA ESPAÑOLA, en el supremo alarde hecho por la empresa del teatro de Jovellanos para justificarse de haber inferido esta temporada todo género de ultrajes a las desventuradas Euterpe y Talía...

5

¿Y el libreto?

¿Y el spartitto?

¿Y la zarzuela?... decimos mal: ¿Y la ÓPERA ESPAÑOLA?

¿Y el pretexto de tantos gastos?

¿Y las cinco horas que pasa el público en aquel salón?

¿Y el arte?

¿Y la literatura?

¿Y Los Magyares?

¡Qué! Porque Pizzala el platero hiciera pública exposición de sus diamantes y esmeraldas en medio del peor drama de Comella, ¿habíamos de dejar de silbar el atentado literario?

¡Qué! Porque unos cómicos de la legua se presentasen muy bien vestidos en el escenario del Príncipe, ¿habíamos de tolerarles que pisoteasen El Hombre de mundo?

¡Qué! Porque en Los Magyares se haya gastado mucho dinero en trajes y decoraciones, ¿hemos de oír impasibles el libreto del señor Olona y la música del señor Gaztambide? ¿Hemos de permitir que nuestros discípulos del Conservatorio lleguen a tararear semejantes obras? ¿Hemos de soportar que nuestro pobre público de las galerías crea que eso es una ÓPERA ESPAÑOLA? ¿Hemos de consentir que los elementos de vida y prosperidad que encierra una empresa tan rica como la de Jovellanos, se empleen en un terreno tan estéril, tan desagradecido, tan ignominioso para nuestras musas?

6

Vamos al libreto.

¿Qué se ha propuesto dar al público el señor Olona al presentar su libro de Los Magyares? ¿Una broma? ¡Pues a fe que es broma pesada!

Mas, por si va de veras, repare en la impasibilidad del público durante los cuatro actos de la zarzuela, y en que los aplausos vienen de ciertas galerías atestadas de aguadores y soldados.

Y es que los medios que se emplean para arrancar estos aplausos son tan absurdos, que no sabemos cómo tuvo el libretista serenidad para escribirlos...

Si a disparates que choquen vamos, proponemos desde ahora un argumento de zarzuela —y como él se nos ocurrirían veinte por minuto—, de éxito indefectible:

Que el teatro represente una noria.

Caltañazor ha sido condenado por el rey de Taití a darle vueltas a la susodicha.

El señor Gaztambide escribe en el divino idioma de Donizzetti las armonías imitativas del crujido de las ruedas y del gotear del agua.

A cada vuelta que dan los canjilones, sale de la noria un corista vestido de miliciano nacional bailando la cachucha.

Cuando ya está fuera todo el coro, Caltañazor lo arenga. Pero el coro se enfada y lo echa en la noria.

El público cree que su favorito ha muerto. Pero Caltañazor saca la cabeza por la concha del apuntador, y dice a sus admiradores de las galerías:

—Señores..., ¡si estoy aquí!

Fin del acto primero.

¡Qué éxito tan ruidoso! ¡Qué aplausos! ¡Qué ganancia tan espantosa haría la empresa con una función semejante!

¿No es éste el secreto, señor Olona?

Pero seamos circunspectos.

En los más disparatados engendros de la grotesca musa de Francia, hállase al menos, ya una sutil paradoja, ya una parodia llena de gracia y de inventiva: los caracteres menos verosímiles tienen cierta unidad; los hechos cierta ilación; la caricatura, por abultada que sea, ofrece un lado lógico...

En Los Magyares, ni hay caracteres, ni los personajes tienen memoria, entendimiento ni voluntad. Todos son tontos; todos se dejan engañar como chiquillos; todos hacen lo contrario de lo que se propusieron hacer; todos olvidan lo que acaban de decir; todos descubren a lo mejor una penetración digna de M. Hume; todos, en fin, son víctimas de la impotencia dramática del señor Olona.

Por lo demás, ni un chiste nuevo, ni un verdadero epigrama. No es la sal de los hechos o de los dichos lo que hace reír, sino el despropósito, la atrocidad de una y otra inconveniencia.

De este modo todos seríamos Ramones de la Cruz. Con presentar una chica que en el momento de tomar el velo de monja dijese que le picaban las pulgas, o un moribundo que rompiera a cantar la rondeña, o un canónigo con espuelas, o una condesa que a lo mejor jurase y votase como un carretero, ¡ya tendríamos el efecto seguro!...

¿No es éste el secreto, señor Olona?

Al menos, ¡así están escritos Los Magyares!

7

De la música solo diremos una cosa; y es que no la encontramos en toda la función. Oímos, sí, algunas rapsodias de Guillermo Tell, de Roberto, de Traviata, de Marina sobre todo, y varios calcos de nuestros cantos nacionales. Mas ¿qué importa la música..., tratándose de una ópera? ¿Qué importa el carácter de esta ópera, cuando se piensa en llamarla ópera española? ¿Qué importa el arte? ¿qué importa la Nación? ¿qué importa la propia dignidad, cuando se trata de que el artesano y el tendero de comestibles, el portero y el escribiente, atraídos por la grosera plástica de un absurdo tan descomunal, den a su familia cinco horas de un placer preparado ex profeso para satisfacer su mal gusto, y lleven a la faltriquera de las codiciosas musas lo que debían llevar a la Caja de Ahorros?

¡Oh! ¡nuestras artes, nuestras letras convertidas en eso que se llama saca-dineros y engaña-muchachos!

Terminemos.

Si la música española tuviese en España otros representantes, otra casa, otro porvenir, en buen hora se llevaran los diablos a los zarzuelistas con sus sacrilegios y sus profanaciones. ¡Pero que la música sea el arte del siglo XIX; que España pertenezca a Europa; que Madrid sea la capital de España, y que en Madrid esté reducida la vida musical a Los Magyares... es cosa horrible, que excita la indignación de todo el que tiene vergüenza!

El público acude, el público paga, el público aplaude... ¿Qué importa si un extranjero asoma la cabeza por el teatro de Jovellanos, y la vuelve luego hacia su patria, diciendo en letras de molde: el África empieza en los Pirineos?

¿Ni qué os importa tampoco esta revista?

1857.

III. Otra ópera... española

...

Tenemos novedad en el teatro de la Zarzuela.

Titúlase El Lancero.

Reflexión al canto... y a la letra. A las zarzuelas les queda de vida el tiempo que tarden nuestros literatos en sacar a relucir las pocas corporaciones o clases civiles, militares y religiosas que no han aparecido aún en aquel escenario. Ya han salido a las tablas monjas, frailes, barberos afeitando en fila, marineros, colegialas, locos, y qué sé yo qué más. Mañana serán los enfermos de un hospital, coronados de gorros blancos; otro día será un coro de gallegos que van a esperar los reyes... Hoy son lanceros. El caso es ofrecer decoraciones y trajes nuevos. Lo demás, no importa.

Que la letra sea una traducción o un plagio que ponga colorada a la moral pública; que esté en catalán o en patois; que la música sea una trivial tonadilla o un detestable remedo de tal o cual trozo italiano o francés: que se cante en contrasentido con las palabras; que carezca de filosofía, de expresión y de gusto... ¡chico pleito! El negocio es que la tiple salga con pantalón y levitín, o el bufo con miriñaque; que haya vistosos uniformes y sables de verdad; que se digan equívocos tan decentes como los de El Lancero; que la acción estribe en que una mujer vestida de hombre esté encerrada con otra en una habitación, y en la natural alarma de cuantos ignoran el cambio de traje; que se oigan redobles de tambores, o repiques de campanas, o coros de bostezos y estornudos, si no se prefiriesen de relinchos; algo, en fin, que profane el arte y la literatura, y ya tiene usted al público inteligente loco de júbilo y con sus tres reales dispuestos a correr todas las noches.

Así es que el señor don Ventura de la Vega escribe hoy, una zarzuela de magia. ¡Después vendrá oír a con fuegos artificiales; luego una en que se regalen naranjas al público; y Dios sabe si llegará el caso de que se permita a los abonados a anfiteatro tornar parte en los coros, o besar a las coristas!

¡Decididamente la zarzuela es un espectáculo popular, nacional, español, en toda la extensión de la palabra!

¡Y, sobre todo, la cuna de la ÓPERA ESPAÑOLA!

...

1857.

IV. Por qué gustan las zarzuelas

(Réplicas a un amigo.)

—Amigo mío —repliqué por último, resumiendo mis contestaciones—: yo abomino de la zarzuela, antes por sentimiento que en fuerza de silogismos. Cáeseme el alma a los pies cuando medito en que la música, el arte peculiar del siglo XIX, la más sublime, y hasta si se quiere la sobrenatural expresión de la belleza, no tiene en España otros horizontes en que tender su vuelo que los estrechos límites a que la reduce este mezquino espectáculo, mixto como todo lo decadente.

¿Qué es aquí la música? dígame usted Una esclava puesta al servicio de un traductor de dramas de brocha gorda. ¿Qué probabilidades de éxito, de ganancia, de gloria, de inmortalidad, tiene un compositor en este teatro? Las que le sobren a un maquinista hábil, a un gracioso caricato y a una fábula absurda, llena de espantables episodios e increíbles peripecias: ¡nada más!

Aquí el todo es el libro. Que el libro ofrezca grandes rarezas en trajes y decoraciones, montañas practicables, ganado vacuno que discurra por la escena, una tiple bonita (si no, no sirve), y vestida de hombre por añadidura, y tiene usted el teatro lleno veinte noches. Una glosa del bolero o del fandango y cuatro trompetazos que atruenen la cabeza, bastan, por lo demás, para que el filarmónico de estos barrios se figure que ha oído una ópera española.

El músico que quiere ir más lejos, pierde el trabajo, el tiempo y la paciencia. Ahora: si la tierna y apasionadísima melodía española ensayase el género sentimental, que es el que más cuadra a su índole y tendencias; si nuestros músicos —algunos lo han hecho—, en vez de atenerse a una servil imitación de las armonías exteriores de la naturaleza, buscasen en el cielo de la imaginación aquella habla reveladora de Rossini, de Bellini y de Donizzetti, vería usted nacer de pronto una nueva escuela musical, que sería el asombro de toda Europa, como hoy lo son nuestros peregrinos cantos nacionales.

Pero mientras sigamos por esta senda de perdición; mientras el teatro español no arroje por la ventana este crudo y malsano manjar que llaman zarzuela, en que el canto, o es gratuito, o material y onomatopéyico, y la instrumentación inadecuada y confusa como todo lo que carece de inspiración; mientras usted oiga cantar a simples aficionados, entre los cuales apenas se cuentan dos o tres medio artistas, y vea escribir libretos a hombres que se confiesan..., no digo profanos, sino antipáticos a la música, España será en esto una potencia de último orden, como lo es en otras muchas cosas. ¡Por eso no transijo con las zarzuelas, ni con este teatro, ni con los compositores, ni con usted que viene a consentirlos!

—Pero ¿y usted? ¿A qué viene? —me preguntó con mucha sorna mi antiguo amigo.

—¡Hombre!, yo vengo porque tú vienes, porque aquél viene; porque nosotros venimos, porque vosotros venís, porque aquellos vienen.

—¡Vaya, vaya! —me dijo, dándome una palmadita en el hombro— usted modificará sus ideas. Esto gusta... ¿No ve usted el teatro lleno? Aquí se ríe uno, pasa el rato, ve muchachas bonitas, y...

—¡Y siente satisfecha su vanidad!!

—¡A ver! Explíqueme usted ese pensamiento. Es muy sencillo, y da la clave de la duración de este espectáculo en España, así como de otras menudencias. ¡Oh! No sin trabajo he llegado a tan luminosa conclusión...

Veamos esa conclusión.

Mire usted. ¡No hay cosa que las medianías aborrezcan tanto como al genio, ni nada que les agrade más que otras medianías menores que ellas! Ahora bien: en el mundo hay una mayoría inmensa de hombres medianos y menos que medianos. Vienen aquí esos hombres, y se encuentran con un músico a quien pueden criticar, con un cantante que necesita de su indulgencia, con un poeta que se contenta con hacerles reír, con un espectáculo, en fin, que no les dice ¡admira!, sino ¡tolera! El hombre mediano no se ve humillado, por consiguiente; no prueba la envidia; no siente la presión de aquel genio que, en otros teatros, le desprecia desde lo alto de las bambalinas... —«Aquí todos somos unos (dice mi hombre en la Zarzuela, enseñando la caja de dientes): ¡No lo hacen mal!... ¡pobrecillos!...» —Y se ríe..., y está a son aise, sin temor a aplaudir inoportunamente, sin quedarse en ayunas del argumento, sin verse obligado a fingir que le gusta esto o lo otro cosas todas que le suceden en el Teatro Real o en la representación de un buen drama. ¡Mire usted con qué aire de protección y de suficiencia se agita aquel banquero en su palco!... Óigale usted cómo dice: ¡Qué tontería! ¡Vaya... si no sé cómo viene uno a estas cosas! ¡Yo sé mucho más que el músico, que el poeta y que el cantante!

¡Ah! no lo dude usted: la turba multa, y en especial los ricos estúpidos, sienten satisfecha su vanidad y a salvo su natural amor propio en este teatro, que habla en su mismo idioma y que nunca se permite darse con ellos aires de superioridad.

...

1858.

V. Última palabra

...

La zarzuela agoniza... La zarzuela morirá antes que nosotros creíamos. Démonos la enhorabuena.

Muerta la zarzuela, nacerá la ópera nacional; porque tenemos maestros, y los tendremos aún, que darán mejor inversión a su genio, más alta dirección a sus trabajos; porque nuestra patria ha producido buenos cantantes, y volverá a producirlos cuando no se esterilicen sus facultades en ingratas tareas, cuando no estraguen las primicias de su genio en las orgías musicales de la calle de Jovellanos.

En tanto, nuestros poetas, dejando de aspirar al triste salario que les ofrece el vulgo necio de que hablaba Lope, tomarán de nuevo el áspero camino de la gloria, y escribirán, como pueden, el drama y la comedia de nuestra edad filosófica.

El público mismo no comprenderá su ceguedad pasada, como hoy no comprende el entusiasmo que produjeron Comella y Churriguera; como hoy se asombra de haber tenido en gran estima las piezas andaluzas, el baile francés, a algunos personajes del reino y otras aberraciones del gusto.

Y el público, entonces, se dará también la enhorabuena.

...

1859.

Carta y prólogo referentes al libro titulado «En los montes de la Mancha»

I. Carta

¡Al diablo no se le ocurre lo que a usted, mi querido Navarrete! ¡Enviarme, para que yo lo presente al público, un libro que pugna con todas mis ideas y con casi todos mis sentimientos! Demos de barato, hombre de Dios, que mi firma tuviese en el mercado literario todo el crédito que usted apasionadamente supone... ¿No conoce usted que lo tendría por algo, y que ese algo se fundaría en mi propia manera de pensar y de sentir? ¿Qué resultaría, pues, si, a los que de mi opinión se fiaran, les recomendase yo una obra como esta de usted, que contradice todas las doctrinas de mis pobres escritos y hiere o desconoce los más íntimos afectos de mis habituales lectores? Resultaría el descrédito de mi firma, y, consiguientemente, la ruina de mi casa, dado que nadie volvería a comprar libro alguno de que yo respondiera, ya fuese en calidad de autor, ya como prologuista.

Pues añada usted (y guárdeme el secreto) que no tengo ese crédito literario; añada que mi papel de escritor apenas se cotiza ya en Bolsa; añada que, por asco a ciertas quiebras del oficio, estoy a punto de retirarme de los negocios, olvidando hasta que existan letras... en el sentido retórico de la palabra, y comprenderá usted, mi comandante, cuán lejos me hallo de poder servir de padrino a su obra titulada En los Montes de la Mancha, y cuán difícil sería, de todos modos, que mi padrinazgo le sacase a usted de ningún apuro.

Sin embargo... (¡respiremos!): le quiero a usted tan de veras, me ha comprometido usted con tanto donaire, le debo tales mercedes, y hay tantos primores artísticos y literarios en esta obra, a vuelta de sus muchas atrocidades de concepto (perdóneme la claridad), que he discurrido un medio de complacer a usted en mucha parte, sin menoscabo alguno de mi conciencia y sin que pueda tampoco argüírseme de que giro contra el público al descubierto. Dicho medio se reduce a enumerar pura y simplemente, en una especie de índice o resumen, todos los elementos que componen su Crónica de Caza, dejando al lector el cuidado de ver qué le conviene más: si quemarla sin leerla; si leerla, y quemarla después, o si guardarla después de haberla leído.

Ahí le mando, pues, ya que no la carta de crédito que me pide, una que pudiera llamarse carta-factura, la cual, amigo mío si bien indica algo, y aun algos, contra la misma obra a que va a servir de prólogo, no por ello deberá ser calificada de carta de Urías, dado que ni se la entrego a usted cerrada y sellada, como la que David puso en manos del esposo de Betsabée, ni mi deseo es que el público, al leerla, destine a cruda muerte este no del todo empecatado libro, sino, muy al contrario, conseguir que perdone las barrabasadas de unas páginas por las bellezas de otras, demostrando a usted, con su indulgencia y su afecto, las esperanzas que todos tenemos de que un hombre de tanto ingenio, de tanto saber y de tan buen corazón como don José Navarrete y Vela-Hidalgo se canse de calumniar su propia naturaleza y de afligir a sus mejores amigos.

Lo es de usted impenitentemente,

P. A. DE ALARCÓN.

II. Al público

El adjunto libro (¡oh mi antiguo protector y algunas veces cómplice!) débese a la pluma de un ex-comandante de artillería, actual oficial primero del ministerio de la Guerra, dos veces diputado a Cortes; pi-margallista en el orden político, y espiritista en el orden religioso; defensor, sin embargo, del insigne Cuerpo de Artillería en el Congreso de 1872; andaluz, de la provincia de Cádiz; de cuarenta y dos años de edad, salvo error de pluma o suma perteneciente a una muy cristiana y distinguida familia; hermoso y robustísimo hombre, aunque prematuramente cubierto de canas; tan aseado de su persona y vestimenta, como él mismo se encarga de referir más adelante; fumador implacable; no bebedor ni jugador; bravo soldado; amantísimo hijo; hermano cariñoso; elocuente orador; buen matemático; pretendido filósofo, y autor del precioso libro titulado De Vad-rás a Sevilla, de algunas piececillas dramáticas representadas con mucho éxito, y de varios artículos de costumbres, de crítica literaria y de política, que todavía no han sido coleccionados.

Aunque ésta su nueva obra (que yo no te recomiendo) se titula En los Montes de la Mancha, Crónica de Caza, contiene muchísimas cosas que no son venatorias ni manchegas, y que voy a ver de enumerar detenidamente, para que formes juicio por ti propio de si te acomoda o no emprender su lectura; pues, como la llegues a emprender, yo te juro que no dejarás el libro ni a tres tirones.

Contiene esta obra:

1.º Un tratado completo de Montería, muy técnico y minucioso, y el diario de operaciones de la Partida de Caza que le sirve de título.

2.º Un sinnúmero de Datos biográficos del autor y de pormenores de su vida, hábitos y costumbres; todo ello contado por él mismo en términos muy originales y graciosos.

3.º Un verdadero mosaico de nombres y apellidos, dichos y hechos, anécdotas y noticias referentes a todos sus amigos, sin distinguir entre los que (por su profesión o importancia) son hombres de dominio público, y los que nunca jamás habían figurado ni soñado figurar en letras de molde; cosa que te producirá, mientras leas, cierto sustillo muy sabroso, semejante al que nos causa el atolondramiento con que pisan la escena los aficionados de teatro casero o las alumnas del Conservatorio.

4.º Magníficos retratos tomados del natural y de cuerpo entero, que supongo parecidísimos, de cuantas personas le salen al paso durante la expedición (pues esta cacería más parece de seres humanos que de alimañas, y el señor Navarrete no yerra un tiro; de modo, que persona que él ve, ya puede estar segura de que cae revoloteando sobre la imprenta con todos sus pelos y señales)...

5.º Magistrales descripciones de cuadros de la naturaleza, dignos del pincel de Claudio de Lorena y de Poussin, donde figuran como pormenores hábilmente colocados los trances de la cacería, la pacífica aldea, la graciosa quinta, la humilde choza y el manso rebaño, y donde corre el agua, verdeguea la hierba, se columpian los árboles, ondea el humo de las cabañas, viajan las nubes, arde el Sol, relucen las estrellas y sueña la enamorada Luna; todo ello con tal propiedad, que le parece a uno estar viéndolo y prueba aquella emoción inefable que las campiñas, los bosques y las montañas producen en las almas que no son de cántaro.

6.º Una colección de Poesías, ya picantes, ya serias, cuales descriptivas, cuales amatorias, todas inspiradísimas y bellas y rebosando el fuego y la animación que siempre superabundan en la mente volcánica del antiguo artillero, cuyo espíritu tiene algo de polvorín o de Santa Bárbara.

7.º Dos o tres escenas discursos que huelen atrozmente a espiritismo, o sea fundados en la suposición de que los muertos vienen a este mundo a hablar con los vivos; broma que no sé cómo se atreve a sostener el señor Navarrete, cuando bien sabe que hasta ahora no ha podido comunicarme noticia alguna de ultra-tumba, a pesar de habérselas yo pedido con verdadera necesidad y grande empeño... ¿Quién no tiene seres queridos en el otro mundo?

8.º Un Tratado del vino de Jerez, con su correspondiente descripción de las célebres bodegas de don Manuel Misa, y gran copia de curiosos datos sobre el particular, amén de una pícara historia de cierta visita que hicimos juntos a aquella catedral de Baco (no siempre se ha de decir templo); historia en que yo salgo, hablo y bebo como cualquier hijo de vecino, resultando un sí es no es dudosa mi sobriedad o templanza, sin motivo suficiente para ello (que es lo peor).

9.º Una extensa disertación, en forma, sobre el Arte de derribar toros y sobre los llamados garrochistas.

10. Otra disertación sobre el carácter, genio y costumbres del renombrado poeta don Antonio Fernández Grilo, a quien (dicho sea de paso) yo también quiero mucho, y cuyo natural numen poético me causa verdadero asombro.

11. Una descripción, escrupulosamente cabal, de la Quinta de Vista Alegre, propia del señor marqués de Salamanca, situada en Carabanchel de Abajo, donde salimos a relucir otra vez una porción de amigos del señor Navarrete, sin tener en cuenta que nosotros no formábamos parte de la excursión de caza que sirve de argumento al libro, y sin reparar en que los Carabancheles distan muchas leguas de los Montes de la Mancha. Pero el señor Navarrete y su obra son así, y esta manera de ser constituye su novedad y su encanto.

12. Toda una Novela, que ocupa el último tercio del tomo, titulada EL DRAMA DE VALLE ALEGRE... (Sin duda, este nombre de Valle-alegre es la justificación del capítulo sobre Vista-alegre, o viceversa; por aquello de

—¿Han oído ustedes un cañonazo?

—No, señor.

—Pues a propósito de cañonazo..., etc.)

Por lo demás, el tal drama, o novela, tiene tanto de agrio como de dulce... ¡Lástima que quien sabe escribir aquel admirable capítulo denominado La casa vacía (que para mí es lo mejor de todo el libro) no cultive formalmente la novela, dejándose de zarandajas! Zarandajas son, por ejemplo (perdone que se lo diga), todas aquellas indignaciones, exclamaciones y contorsiones a que da margen el abintestato. ¡Si al señor Navarrete le urgía hablar mal del clero, de los tribunales de justicia, de nuestra legislación en materia de testamentos y de los principios, todavía universales, en que descansa la propiedad..., debió armarse de razón; debió buscar mejor coyuntura; debió... Pero veo que falto a mi propósito: veo que critico, veo que discuto..., y no es esto lo que he prometido hacer.

Torno, pues, a mi enumeración, y digo que en este libro hay otra multitud de cosas peregrinas y heterogéneas, entre las cuales citaré, como muestra de lo admirablemente que escribe nuestro hombre y de lo bien que siente (cuando se olvida de sus preocupaciones político-filosóficas), algunos pasajes que se recomiendan por sí solos, mucho mejor que yo pudiera hacerlo si empuñase el escalpelo de la crítica.

Desde las primeras páginas adviértense ya, como he dicho, el grande y profundo sentimiento de la naturaleza que atesora el alma del señor Navarrete, sus dotes de observador, la riqueza de colores de su paleta y el pintoresco desenfado de su estilo. Pero donde todas estas cualidades de paisajista se muestran más soberanamente es en el capítulo titulado Los Misterios del Monte. Describe allí ciertos solitarios parajes de una selva con tal unción y ternura, que el alma del autor resulta más frondosa, más apacible y más inofensiva que aquella augusta soledad, de la cual dice, noblemente conmovido:

«... En estas guardadas espesuras, que rara vez huella la planta del hombre, se requerirán de amores los castísimos ciervos, y se besarán con los picos los ruiseñores, mientras en las ciudades, bajo el Sol del progreso, se hacen guerra mortal los reyes de la creación.»

Antes, en la página 73, ha pintado una velada de cortijo, donde sacaron sillas a la puerta y se sentaron bajo el emparrado, sobre una alfombra de Luna, rodeados de las escopetas negras y de los perros, a oír cantar a Trillo, al compás de una vihuela, unas seguidillas manchegas, en cuya descripción nótase el mismo sentimiento de la paz campesina y la propia habilidad de este gran poeta para expresarla con dos o tres rasgos de su inspirada pluma.

En otro lugar dice: «Es imposible pasar junto a las rosas que se columpian gentiles en sus tallos, coronando la verde hojarasca entre una multitud de encendidos capullos, sin que nuestros ojos se pongan en sus cálices con delicia, sin que nuestros labios sientan deseo de posarse en sus pétalos suaves, sin que nos aguijonee el anhelo de arrancarlas para disfrutar más tiempo de sus fugaces hechizos.»

Esas rosas se ven, se huelen, se desean. ¡Así se pinta, así se escribe, cuando se tiene alma para sentir la belleza natural! ¡Qué sencillez y qué vida, qué realidad y qué arte hay en esas facilísimas palabras!

¡Pues nada digo de la animación, de la exactitud y de la piedad con que, en la página 115, refiere el asesinato de una pobre cierva! Ante aquella pintura palidece hasta el cuadro en verso, referente al mismo asunto, que se admira en la colección de poesías inserta en este mismo volumen. Y entonces, como siempre, deplora uno el empeño del señor Navarrete en echarla de malo, de ilegal y de esprit fort; pues se ve y se toca que es un hombre sensible y bueno, tierno y caritativo, aunque un tanto descarrilado, que lleva en su interior todas las ideas justas y todas las virtudes cristianas, algo dislocadas aquéllas y estropeadas éstas, es verdad..., pero no perdidas ni sin compostura fácil, a pesar de los azares del descarrilamiento.

Por lo demás, y sin ser un escritor muy puro que digamos (en lo tocante a la gramática, se entiende), posee tan galano y rico lenguaje andaluz, conoce tan exactamente los nombres propios de todas las cosas y de todas las ideas; tiene tan al dedillo el tecnicismo de lo nacional y de lo extranjero, de lo vulgar y de lo culto, de lo casero y de lo científico, de lo natural y de lo filosófico, que pocos libros de su tamaño contendrán tanto número de voces, ni las presentarán usadas con tanta conciencia como esta Crónica de Caza. Se ve que el autor sabe matemáticas; se ve que ha vivido largo tiempo en el campo; se ve que es hombre político; se ve que ha sido artillero; se ve que ha guerreado; se ve que es poeta; se ve que se ha criado en buenos pañales; se ve que ha leído mucho; se ve que frecuenta casas principales; se ve que filosofa en el Ateneo; se ve, en fin, que conoce el mundo por sí mismo y no de oídas.

En resumen: este libro, más que una obra artística, determinada y concreta, es una especie de exposición de todas las aptitudes literarias del señor Navarrete; algo por el estilo de la cartera en que los pintores van reuniendo sus bocetos y ensayos en cada género; una colección de muestras de su ingenio privilegiado, que lo acreditan a mis ojos de inspirado poeta, elocuente prosista, observador muy sagaz y habilísimo narrador, calidades todas que darán de sí un novelista de primer orden el día que se resigne a tratar cualquier asunto adecuado para el caso, y a someterse un poco a las por él muy conocidas reglas del arte.

Regreso de Zorrilla a España en 1866.
Carta al Director de «El Museo Universal»

Dieciocho años han transcurrido desde que nuestro gran Zorrilla abandonó el suelo de España. ¡Dieciocho años! ¡Toda una vida! ¡Casi la edad que contaba el inspirado vate el día que conquistó el primer laurel sobre la tumba de Fígaro! Ello es que cuando la generación literaria que hoy milita empezó a percibir, estremecida de entusiasmo, los mágicos sones de aquel arpa que sonaba al modo del laúd de los antiguos trovadores y de nuestros épicos romanceros, ya el poeta de la fe y de la caballería, de la cruz y del islamismo, de María y de Granada, no vivía entre nosotros, sino que cruzaba el Océano para ir a perderse, como huésped de la apartada y espaciosa América, en un limbo que no era la muerte ni la vida, y que tenía algo de una anticipada posteridad.

Que esta posteridad le ha sido fiel y cariñosa; que no le ha olvidado ni desconocido un solo momento, a pesar de lo efímera que es la fama en los turbados y mudables tiempos que corremos, dígalo el afán con que todos hemos seguido el lejano resplandor del astro que alumbraba otro hemisferio, con que hemos contado los años de su ausencia, con que hemos recogido los últimos acordes del plectro de oro del vate peregrino, y conservádole en constante actualidad su puesto de honor a la cabeza de nuestros poetas, como suelen en los ejércitos llamar y considerar presente al héroe que fue baja, pero a quien se juzga irreemplazable.

Durante este tiempo han muerto muchos hombres ilustres, maestros o camaradas del poeta ausente; han aparecido otros genios, justamente reputados en el mundo de las letras; han pasado y han surgido escuelas literarias; se han operado cambios radica les en la sociedad española; la crítica ha mudado una y otra vez sus dogmas y sus sacerdotes; ha variado esencialmente el gusto del público, y el público mismo ha trocado su naturaleza al asociarse nuevos elementos, antes inertes; y, sin embargo, todos y todo, poetas y lectores, generaciones y escuelas, han reservado la parte del león en la popularidad y la gloria, en la admiración y el respeto, a aquél que, distante y mudo, no requería ya con su lira aplausos a la fama.

Es decir, que Zorrilla ha alcanzado, vivo, y joven todavía, la solemne y desapasionada veneración que solo se tributa a los que tras pasaron los umbrales de la muerte, y hoy se nos presenta como si fuera monumento viviente de su propia gloria, al cual podemos rendir, con eficaces agasajos, que hermoseen y halaguen el último tercio de la existencia mortal del hombre, aquel tributo de gratitud nacional o patriótica ufanía que ordinariamente es, por lo tardío, una estéril e irrisoria justicia, ya que no una penitencia de la posteridad avergonzada.

No es de este momento, ni entra en mi propósito, analizar detenidamente la razón de la constante boga y durable popularidad de tan celebrado poeta.

Baste decir que, nacido a la vida pública en lo más recio de la batalla entre clásicos y románticos, mantúvose a igual distancia de la exageración de ambas escuelas, prefiriendo a las atildadas y rigorosas formas de los unos y a la febril anarquía de los otros, combinar lo bueno de los dos gustos en provecho de lo que fue, es y será siempre el verdadero gusto español en artes y literatura. Zorrilla no invocó nunca las muertas divinidades paganas, fingiéndose sacerdote de la falsedad notoria y acomodando servilmente sus espontáneas concepciones al pie forzado o al molde frío de una regla establecida en los modelos griegos y romanos. Pero tampoco afectó un descreimiento escandaloso cuanto ajeno de la sociedad española: tampoco desdeñó, como ideales muertos, las glorias de nuestros mayores, el amor de la patria, la esperanza en otra vida, la religión del Crucificado y el santo temor de Dios. No, no fue romántico desesperado, iconoclasta, ateo; como no había querido ser adorador de Júpiter ni ministrante de Apolo. Fue español, fue cristiano, fue el poeta caballeresco, el trovador legendario, el continuador del Romancero, el cantor propio de esta nuestra raza ibérica, en la cual lo céltico y lo árabe neutralizan, vencen y borran, en el carácter y en la imaginación, todo lo que conservan de helénico y latino las instituciones y la lengua. Fue español, como lo había sido Calderón, el gran poeta del siglo de oro de los neo griegos franceses, y como Lope y Góngora, quienes, si alguna vez vistieron sus conceptos con las usadas ropas del paganismo, se hallan tan distantes de Corneille y de Racine como la mística de la escultura, como Murillo y Zurbarán de las academias romanas de hoy. Fue español, en fin (como lo habían sido todos nuestros grandes poetas, exceptuando a Garcilaso y sus secuaces, imitadores de los clásicos italianos), ya escribiera el romance tradicional que constituye el poema continuo de nuestra patria, ya se perdiera en sutiles razonamientos teológicos, ya se nos presentase lujoso, soñador y pintoresco a la manera de los místicos orientales y africanos, de quienes aprendió o heredó la regalada música de sus voluptuosas cánticas.

Natural era, por tanto, que el pueblo lo acogiese y adoptase como su genuino intérprete, como su cantor favorito, y que retuviera sus versos en la memoria y su nombre en el corazón al través del tiempo y a pesar de una absoluta ausencia. Natural es asimismo lo que hoy sucede y lo que yo es pero que aún sucederá, y que constituye, por decirlo así, el argumento de ésta mi pobre y desaliñada carta.

Hace algunos días todos los periódicos de Madrid publicaron cuatro renglones, dando la noticia de que Zorrilla había pisado el suelo de la patria. El suceso era tan interesante y fausto, que bastaba anunciarlo en términos sencillos para que apareciese con toda su importancia. No: no lo han achicado afortunadamente las vulgares y gastadas fórmulas de elogio y regocijo de que hemos abusado todos hasta la saciedad en cualquier ocasión y a cualquier propósito. La hipérbole, insípida ya, por lo prodigada, en nuestro país, no ha rebajado a la categoría común de las solemnidades literarias el hecho de que Zorrilla reaparezca en España después de tantos años de ausencia. Pero no basta. Después de la emoción y el respeto, nos urge a todos significarle nuestra admiración y nuestro entusiasmo; y ésta es, señor Director, la razón de las presentes líneas, que le ruego a usted inserte en su apreciable semanario.

Con placer he sabido que se prepara usted a publicar en EL MUSEO el retrato, la biografía y alguna composición del inmortal autor de El Zapatero y el Rey y, al felicitar a usted por tan noble idea, creo ser intérprete de los sentimientos de nuestros escritores, invitándolos a una reunión en que se excogite algún me dio por el cual la gran familia literaria de la corte salude al inmortal poeta en su regreso a España, ya sea dirigiéndole un expresivo mensaje a Barcelona, donde ha desembarcado, ya sea disponiéndole una afectuosa acogida para cuando venga a Madrid. Cualquiera de estas demostraciones no haría más que preceder dignamente a las que son de esperar de corporaciones y poderes aquí constituidos, y que no pueden manifestarse indiferentes en esta cuestión de orgullo patrio, ni dejarse aventajar en ella por la liberalidad de algún soberano extranjero.

Y ahora, para concluir, permítame usted que apunte el especial motivo por que tomo en este caso una iniciativa para la que me faltan títulos y merecimientos.

Cúpome, hace tres años, la triste, dolorosísima honra de ver morir en mis brazos y de cerrar piadosamente los ojos al insigne poeta que presentó a Zorrilla en la arena literaria; que lo apadrinó en su bautismo de gloria; que escribió el prólogo de la primera edición de sus versos; que vivió con él; que lo amó fraternal, si no paternalmente; que me transmitió, en fin, con la sabrosa historia de aquella ternísima amistad, el cariño que él profesaba al que hoy no lo encontrará en el mundo de los vivos. Don Nicomedes Pastor Díaz, en cuya casa fueron escritas y a quien están dedicadas muchas composiciones de Zorrilla, instituyome y nombrome, así como a otros dos amigos, su albacea literario. Yo sé el ansia desesperada con que el cantor de la Luna, durante su agonía de muchos años, deseaba la vuelta de su amigo: yo sé la apasionada acogida que éste hubiera encontrado hoy en aquel sensible y nobilísimo corazón, cuyo último latido sentí apagarse bajo mi mano: yo creo cumplir hasta con un deber de conciencia transmitiendo aquí al ilustre vate que torna al teatro de su juventud y de sus triunfos, el legado de aquella amistad, solo interrumpida por la muerte.

P. A. DE ALARCÓN.

5 agosto 1866.

En un álbum francés de preguntas

Quelle est votre idée du bonheur? (¿Qué idea tenéis de la dicha?)

La felicidad terrenal (relativa siempre) es cuestión de punto de vista. El mío consiste en creer que no tenemos derecho a la felicidad y que la tierra no es habitable. Por consiguiente, me contento con muy poca cosa.

•

Quelle est votre idée du malheur? (¿Qué idea tenéis de la desgracia?)

El mundo entero no puede hacer desgraciado a un hombre de conciencia, ya sea cristiano, ya meramente filósofo.

•

¿Votre plaisir favori? (¿Cuál es vuestro placer favorito?)

Una buena conversación, en mi casa, a la chimenea, con cigarros de la Vuelta de Abajo.

•

¿La qualité que vous préfére chez l'homme? (¿Qué cualidad preferís en el hombre?)

La abnegación.

•

¿La qualité que vous préférez chez la femme? (¿Qué cualidad preferís en la mujer?)

El respeto a sí misma... hasta dentro de su pensamiento.

•

¿Si vous n'étiez vous, qui voudrais vous être? (Si no fuerais quien sois, ¿quién quisiérais ser?)

Job, o el Bobo de Coria.

•

¿La saison que vous préférez? (¿Cuál es vuestra estación favorita?)

A caballo, el invierno; a pie, la primavera; en carruaje, el otoño; embarcado, el verano.

•

¿La passion que vous trouvez la plus noble? (¿Qué pasión os parece la más noble?)

Una caridad como la de San Juan de Dios.

•

¿L'objet de votre plus vif désir? (¿Cual es vuestro más vivo deseo?)

La felicidad de las personas a quienes más amo.

•

¿Le trait principal de votre caractère? (¿Cuál es el rasgo principal de vuestro carácter?)

La desconfianza.

•

¿Préfére vous la poesie à la prose? (¿Preferís la poesía a la prosa?)

Según sea la prosa y según sea la poesía; pero en absoluto prefiero la poesía.

•

¿La devise que vous choisiriez? (¿Cuál sería vuestra divisa?)

Sinceridad a toda costa.

•

¿Le genre d'esprit que vous préférez? (¿Qué clase de talento preferís?)

La inspiración del sentimiento.

•

¿Le genre de beauté que vous aimez? (¿Qué género de belleza os gusta más?)

Soy ecléctico en bellas artes, y además estoy casado por la Iglesia.

En otro álbum de preguntas

¿Qué cualidad estima usted más en el hombre?

La veracidad.

•

¿Cuál en la mujer?

La limpieza física y moral.

•

¿Qué rasgo característico le domina a usted?

La desconfianza.

•

¿Cómo comprende la felicidad?

Siendo útil a alguien.

•

¿Cómo la desgracia?

Con remordimientos.

•

¿Dónde quisiera vivir?

En el Palacio árabe de la Alhambra.

•

¿Qué es lo que más anhela,?

El bienestar de mi familia, cuando yo le falte.

•

¿Cuál es, según usted, el mejor poeta, actor, músico y pintor?

Byron; la Ristori; Rossini; Murillo.

•

¿Qué hecho histórico le disgusta más?

La fría crueldad de los ingleses con Napoleón de 1815 a 1821.

•

¿Qué faltas encuentra usted más disculpables?

Las mías.

•

¿Ama usted lo ideal o lo positivo?

Lo ideal, cuando es positivo; quiero decir, cuando surge naturalmente en el espíritu como la esperanza de otra vida.

•

¿Qué es lo más difícil de hallar?

Generosidad verdadera.

•

¿Qué consejo daría usted a la persona verdaderamente amada por su corazón?

Que no desoyese nunca la voz de su conciencia.

•

¿Qué ocupación le agrada más?

Como trabajo, corregir pruebas. Como recreo, oír buena música.

•

¿Cuál es, para V, la más simpática opinión política?

La que corresponda al estado intelectual y moral de cada pueblo.

•

¿Desea usted llegar a la vejez?

Esta pregunta es tardía para mí.

•

¿Qué espectáculo recrea más sus sentidos?
El mar encolerizado.

•

¿Quiénes son la mejor amiga y el mejor amigo de usted?
Mis hijos lo sabrán, cuando yo muera.

•

¿Qué flor, qué bebida, qué color le agrada a usted más?
La rosa de primavera, sencilla. El vino de Jerez. El color verde.

•

Defíname el amor, según usted lo entiende.
Es un misterioso y divino conjunto de egoísmo y generosidad.
1883.

Libros a la carta

A la carta es un servicio especializado para

empresas,

librerías,

bibliotecas,

editoriales

y centros de enseñanza;

y permite confeccionar libros que, por su formato y concepción, sirven a los propósitos más específicos de estas instituciones.

Las empresas nos encargan ediciones personalizadas para marketing editorial o para regalos institucionales. Y los interesados solicitan, a título personal, ediciones antiguas, o no disponibles en el mercado; y las acompañan con notas y comentarios críticos.

Las ediciones tienen como apoyo un libro de estilo con todo tipo de referencias sobre los criterios de tratamiento tipográfico aplicados a nuestros libros que puede ser consultado en Linkgua-ediciones.com.

Linkgua edita por encargo diferentes versiones de una misma obra con distintos tratamientos ortotipográficos (actualizaciones de carácter divulgativo de un clásico, o versiones estrictamente fieles a la edición original de referencia).

Este servicio de ediciones a la carta le permitirá, si usted se dedica a la enseñanza, tener una forma de hacer pública su interpretación de un texto y, sobre una versión digitalizada «base», usted podrá introducir interpretaciones del texto fuente. Es un tópico que los profesores denuncien en clase los desmanes de una edición, o vayan comentando errores de interpretación de un texto y esta es una solución útil a esa necesidad del mundo académico.

Asimismo publicamos de manera sistemática, en un mismo catálogo, tesis doctorales y actas de congresos académicos, que son distribuidas a través de nuestra Web.

El servicio de «Libros a la carta» funciona de dos formas.

1. Tenemos un fondo de libros digitalizados que usted puede personalizar en tiradas de al menos cinco ejemplares. Estas personalizaciones pueden ser de todo tipo: añadir notas de clase para uso de un grupo de estudiantes,

introducir logos corporativos para uso con fines de marketing empresarial, etc. etc.

2. Buscamos libros descatalogados de otras editoriales y los reeditamos en tiradas cortas a petición de un cliente.